农民工融入城市的住房问题研究

Study on the Housing Problem of
Migrant Workers Integrating into the City

李海波 ◎ 著

经济管理出版社

图书在版编目（CIP）数据

农民工融入城市的住房问题研究／李海波著. —北京：经济管理出版社，2019.8
ISBN 978-7-5096-6828-3

Ⅰ.①农… Ⅱ.①李… Ⅲ.①民工—住宅问题—研究—中国 Ⅳ.①D669.3

中国版本图书馆 CIP 数据核字（2019）第 165929 号

组稿编辑：梁植睿
责任编辑：梁植睿
责任印制：黄章平
责任校对：赵天宇

出版发行：经济管理出版社
（北京市海淀区北蜂窝 8 号中雅大厦 A 座 11 层　100038）
网　　　址：www.E-mp.com.cn
电　　　话：（010）51915602
印　　　刷：三河市延风印装有限公司
经　　　销：新华书店
开　　　本：720mm×1000mm /16
印　　　张：13
字　　　数：200 千字
版　　　次：2019 年 8 月第 1 版　2019 年 8 月第 1 次印刷
书　　　号：ISBN 978-7-5096-6828-3
定　　　价：68.00 元

・版权所有　翻印必究・

凡购本社图书，如有印装错误，由本社读者服务部负责调换。
联系地址：北京阜外月坛北小街 2 号
电话：（010）68022974　　邮编：100836

前言 Preface

党的十八大以来，中央提出城镇化战略新理念——以人为核心的新型城镇化。城镇化的本质是农民进城就业、生活，以人为核心的新型城镇化不仅是农民进入城市，更要求他们落户城市、融入城市。解决已经转移到城镇就业的农业转移人口的市民化、城市融入问题是新型城镇化的首要任务。住房作为家庭的物质载体，在农民工城市融入诸要素中处于重要地位，这是因为住房关系到农民工的就业稳定、社会保障、资本积累等诸多方面；而且，在"居者有其屋"传统观念的影响下，住房还与农民工的安全感、认同感、幸福感等存在广泛而深刻的联系。因此，在新型城镇化深入发展的进程中，如何化解农民工城市住房问题、促进农民工城市融入是当前面临的重要课题。探讨城市住房与农民工城市融入之间的关系对较为准确地找到农民工城市融入过程中的住房问题，进而为改善农民工居住福利和促进农民工城市融入提出切实可行的措施具有重要的意义。

学术界对农民工城市融入和农民工城市住房问题的研究已取得了不少成果，但将两者关联起来进行系统分析的文献还相对较少。而且，已有关于农民工城市住房与城市融入关系的研究还存在进一步探讨的空间：①在已有关于农民工城市住房与城市融入关系的研究中，大多侧重于住房某一个方面的特征对城市融入的影响，对农民工城市融入中的住房问题缺乏系统分析。住房具有经济价值、使用价值、象征价值等多种价值形态，而且还具有经济属性、社会属性等多种性质，因此对农民工城市融入过程中的城市住房问题进行系统探讨，有助于更准确地了解农民工城市融入。②农民工城市融入测度方法有待优化。已有研究大多停留在单一指标变量的刻画和线性加权方法上。单一变量测度过于简单，无法充分反映城市融入及各维度的丰富内涵。采用线性加权方法测算的综合法虽然比单一法更为精确科学，但是也存在权重赋值主观性强与依据不明确、难以兼顾不同维度的嵌套影响关系、降维会损失较多变量信息等诸多弊端。③在实证分析时，已有研究大多采用一般回归分析方法，对农民工城市住房与城市融入之间因互为因果或者遗留变量等因素导致的内生性问题缺乏有效讨论，研究结论的可靠性难以保障。④农民工城市住房与城市融入具有地域性特征，两者之间的关系同样具有地域性特征，而且居住福利、居住满意度和城市融入都与个体的主观感受有关，存在个体间的差异，现有文献很少考虑农民工城市住房与城市融入关系的这种城际与群体差异。以上这些都为本书研究的开展提供了思路和方向。

在对国内外相关理论文献进行归纳总结的基础上，本书首先分别对与农民工城市融入相关的社会融合理论、社会排斥理论和社会行为理论以及与农民工城市住房相关的公共产品理论、住房公平理论和社会福利理论进行了归纳分析，在理论分析的基础上，对农民工城市融入、农民工市民化、农民工居住福利、保障性住房等概念进行了界定。其次在理论分析的基础上，构建农民工城市融入、农民工市民化、农民工居住福利和农民工居住满意度评价指标体系，并基于宏观数据和家计调查数据，对我国农民工城市融入现状、住房条件与居住满意度现状进行了统计分析。再次运用结构方程模型、最优尺度回归模型、多层次模型等分析方法对农民工城市融入的影响因素、农民工市民化的影响因素、农民工城市居住满意度的影响因素以及居住福利对农民工城市融入的影响进行实证分析。最后在理论研究、现状分析、实证分析的基础上，从多渠道增加住房来源、提高农民工支付能力、完善住房保障体系等方面提出了一系列促进农民工城市融入和改善农民工居住福利的对策与建议。

目录 Contents

1 绪 论 ……………………………………………………………… 001
   1.1 研究背景 ………………………………………………………… 003
   1.2 文献综述 ………………………………………………………… 004
       1.2.1 农民工城市融入研究 ……………………………………… 004
       1.2.2 农民工市民化研究 ………………………………………… 006
       1.2.3 农民工城市住房研究 ……………………………………… 007
       1.2.4 农民工住房与城市融入关系研究 ………………………… 010
   1.3 研究思路与方法 ………………………………………………… 012
       1.3.1 研究思路 …………………………………………………… 012
       1.3.2 研究方法 …………………………………………………… 013
   1.4 研究内容与技术路线图 ………………………………………… 013

2 理论基础与相关概念 …………………………………………… 017
   2.1 农民工的界定及内涵变迁 ……………………………………… 019
   2.2 城市融入的理论基础及概念界定 ……………………………… 020
       2.2.1 社会融合理论 ……………………………………………… 020
       2.2.2 社会排斥理论 ……………………………………………… 022
       2.2.3 社会行为理论 ……………………………………………… 023

2.2.4　城市融入相关概念界定 ……………………………… 024
2.3　住房保障相关理论与概念界定 ……………………………………… 027
　　2.3.1　公共产品理论 ………………………………………… 027
　　2.3.2　住房公平理论 ………………………………………… 028
　　2.3.3　社会福利理论 ………………………………………… 034
　　2.3.4　农民工城市住房相关概念界定 ……………………… 035

3　农民工城市融入指标体系构建与现状分析 ……………………… 039

3.1　农民工城市融入指标体系构建与测度方法 ………………………… 041
　　3.1.1　农民工城市融入指标体系构建 ……………………… 041
　　3.1.2　农民工城市融入测度方法 …………………………… 043
3.2　我国农民工城市融入整体现状 ……………………………………… 044
　　3.2.1　我国农民工城市心理融入概况 ……………………… 044
　　3.2.2　我国农民工城市行为融入概况 ……………………… 045
3.3　农民工城市融入水平测度 …………………………………………… 047
　　3.3.1　农民工城市融入调查说明 …………………………… 047
　　3.3.2　农民工城市融入统计描述 …………………………… 047

4　农民工城市住房现状分析 …………………………………………… 051

4.1　我国农民工城市住房整体现状 ……………………………………… 053
　　4.1.1　我国农民工城市住房类型概况 ……………………… 053
　　4.1.2　我国农民工城市住房条件概况 ……………………… 053
4.2　农民工城市住房现状分析 …………………………………………… 054
　　4.2.1　调查数据说明 ………………………………………… 054
　　4.2.2　农民工城市住房条件概况 …………………………… 055
　　4.2.3　农民工城市居住满意度分析 ………………………… 057
　　4.2.4　农民工城市居住满意度影响因素分析 ……………… 062
4.3　我国农民工城市住房政策分析 ……………………………………… 072

目录

4.4 农民工城市住房困境分析 ·············· 073
 4.4.1 农民工方面的因素 ·············· 073
 4.4.2 制度方面的因素 ·············· 074
 4.4.3 现有住房保障体系方面的因素 ·············· 075

5 农民工城市融入影响因素实证分析 ·············· 077
5.1 理论基础 ·············· 079
 5.1.1 地区异质性对经济条件的影响 ·············· 080
 5.1.2 经济条件对农民工城市融入的影响 ·············· 080
 5.1.3 地区异质性对农民工城市融入的影响 ·············· 081
5.2 实证模型构建 ·············· 082
 5.2.1 变量与测度 ·············· 082
 5.2.2 结构方程模型的构建 ·············· 084
 5.2.3 数据说明 ·············· 085
5.3 实证结果分析 ·············· 086
 5.3.1 测量模型分析 ·············· 086
 5.3.2 结构模型分析 ·············· 089
5.4 实证结论 ·············· 095

6 农民工市民化影响因素实证分析 ·············· 097
6.1 引言与文献综述 ·············· 099
6.2 理论框架与研究假说 ·············· 100
 6.2.1 城市级别对农民工市民化的影响作用 ·············· 100
 6.2.2 城市级别对农民工市民化的作用机制 ·············· 101
6.3 变量选择、研究方法与数据说明 ·············· 103
 6.3.1 变量选择 ·············· 103
 6.3.2 模型选择 ·············· 105
 6.3.3 数据说明 ·············· 106
6.4 实证分析 ·············· 106

  6.4.1 城市级别对农民工市民化的影响 …………………… 106
  6.4.2 城市级别影响农民工市民化倾向的机制分析 ……… 109
 6.5 实证结论 …………………………………………………… 117

7 城市住房对农民工城市融入的影响 ………………………… 119
 7.1 居住福利与农民工城市融入关系理论分析 ……………… 121
 7.2 实证1：住房消费对农民工城市融入的影响 …………… 122
  7.2.1 模型设定、变量测算与数据说明 …………………… 122
  7.2.2 实证分析 ……………………………………………… 126
  7.2.3 实证结论 ……………………………………………… 129
 7.3 实证2：居住福利对农民工城市融入的影响 …………… 129
  7.3.1 实证模型构建 ………………………………………… 129
  7.3.2 实证结果分析 ………………………………………… 133
  7.3.3 实证结论 ……………………………………………… 138

8 促进农民工城市融入的住房政策与措施 …………………… 141
 8.1 政策启示 …………………………………………………… 143
 8.2 对策与建议 ………………………………………………… 144
  8.2.1 多渠道改善农民工住房条件 ………………………… 144
  8.2.2 把农民工纳入城市住房保障体系 …………………… 146
  8.2.3 提高农民工支付能力 ………………………………… 150

9 结 论 ………………………………………………………… 153
 9.1 主要结论 …………………………………………………… 155
 9.2 创新之处 …………………………………………………… 157
 9.3 不足之处 …………………………………………………… 158

参考文献 ………………………………………………………… 161

附　录　农民工城市住房相关政策、法规与规定 …………… 171

后　记 ……………………………………………………… 197

1

绪 论

1 绪 论

1.1 研究背景

农民工是我国改革开放以来伴随着工业化、城镇化快速发展成长的新型劳动大军,为我国经济社会发展做出了巨大贡献。《2017年度人力资源和社会保障事业发展统计公报》显示,2017年全国农民工总量28652万人,其中外出农民工17185万人。农民工市民化是推进以人为本的新型城镇化的核心,是解决"三个1亿人"问题的重要内容。然而,随着我国城镇化进程的推进,我国农民并没有像西方早期城镇化那样纷纷从农村入驻城镇成为真正的城镇居民。2017年我国常住人口城镇化率达到58.52%,但是户籍人口城镇化率才42.35%,相差约16个百分点。这一差距意味着中国目前的2.8亿多农民工只是"半城镇化",而这种"半城镇化"产生了数以千万计的留守儿童、留守老人和留守妇女,并牺牲了农民工家庭三代人的幸福。这一现状的存在既不利于"实现1亿左右农业转移人口和其他常住人口落户城镇"目标的实现,又严重制约了新型城镇化的健康持续发展。因此,如何有效促进农民工城市融入,推动农业转移人口有序市民化,实现"以人为本"城镇化发展,是我国当前值得关注的重要课题。

"安得广厦千万间,大庇天下寒士俱欢颜",1000多年前,唐代诗人杜甫就用诗歌表达了住房对广大人民安居乐业的重要作用。住房作为家庭的物质载体,在农民工城市融入诸要素中处于重要地位,这是因为住房关系到农民工的就业稳定、社会保障、资本积累等诸多方面;而且,在"居者有其屋"传统观念的影响下,住房还与农民工的安全感、认同感、幸福感等存在广泛而深刻的联系。基于此,国家和地方先后制定并出台了一系列改善农民工居住条件的政策,2007年,住房和城乡建设部、国家发展和改革委员会等五部委联合下发《关于改善农民工居住条件的指导意见》,首次将农民工纳入城市住房建设规划,并对拓宽住房来源渠道、保障居住场所的安全和卫生做了具体规定。2018年的政府工作报告再次提出将符合条件的外来务工人员纳入住房保障范围。在当前背景下,探讨农民工城市融入与住房问题具有重要的理论与实践意义。

本书立足于农民工城市融入和住房现状，依据社会融合理论、社会排斥理论、公共产品理论、社会福利理论等相关理论，对农民工城市融入、农民工市民化、农民工居住福利、农民工居住满意度等相关概念进行界定，并构建评价指标体系；在此基础上，基于宏观数据和家计调查数据，运用结构方程模型、最优尺度回归模型、多层次模型等分析方法对农民工城市融入的影响因素、农民工市民化的影响因素、农民工城市居住满意度的影响因素以及居住福利对农民工城市融入的影响进行实证分析。最后，结合理论与实证分析结果，提出促进农民工城市融入的对策建议，以期为政府出台农民工住房保障政策提供理论支持和对策建议。

1.2 文献综述

1.2.1 农民工城市融入研究

国内外学者对农民工城市融入的研究主要基于社会融合理论。国外学者主要关注国际移民的融入问题；而国内学者关注点主要集中于国内移民的融入方面，其中又以农民工移民为关注重点。

在西方文献中，社会学、心理学、经济学等对移民的融入问题进行了比较深入的研究，其中，社会融合是研究移民与流入地主流社会关系的最重要的概念。在移民融入度的研究上，有影响力的研究包括"二维度"模型（结构性和文化性），"三维度"模型（结构性融合、社会—文化性融合、政治—合法性融合），"四维度"模型（社会经济融合、文化融合、政治融合和东道国对移民的态度）。

国内的社会融入研究主要体现在外来人口尤其是农民工的城市融入上，长期以来的城乡二元体制使得外来人口由农村进入城市面临如何适应和融入城市的问题。随着城镇化的不断推进，城市问题不断增多，学术界对农民工城市融入的研究也日益深入。从理论方面来看，国内基本上都是在借鉴国外的社会融合理论对我国农民工城市融入进行研究，现有的研究大多集中于以下几个方面：

（1）农民工城市融入的维度界定。从现有文献所提出的测量维度来看，农民工的城市融入是一个多维度的概念，不同的学者对此有不同的测量方式。国内对社会融入的衡量大多是按照国外横向排列的结构来设计的（路锦非，2018），在具体维度的划分上不尽相同。崔岩（2012）、韩俊强（2013）等学者从主观层面，把流动人口在流入地的融入直接指向个体心理层面上的适应。任远和乔楠（2010）等学者从身份认同、城市态度、社会态度感知等心理层面以及与市民互动、参与社区活动等行为层面来衡量城市融入。更多的学者用经济融入、文化融入、社会融入、心理融入等多维度来衡量城市融入，并认为各维度间呈现递进关系，经济融入是基础，心理融入是城市融入的最高阶段（杨菊芳，2009）。总的来看，现有文献在城市融入应该包括哪些维度的问题上并未达成共识，不同研究在对城市融入的各个维度进行具体操作化时也存在着较大的分歧，这就导致各研究之间的可比性受到很大的局限。

（2）农民工城市融入的测度方法。在测度方法方面，当前对城市融入水平的测量取向主要有两种：一是单一变量测量法。一些学者用"您是否认为自己是本地人""您是否愿意在城市定居"等单一变量来衡量农民工城市融入。例如，威迪明（2016）等学者用"您是否愿意在城市定居"来衡量农民工城市融入。陆万军（2018）、赵建国（2018）等学者用"您是否认为自己是本地人"来衡量农民工在城市的心理认同。二是综合评分法。一些学者运用因子分析、模糊集理论等方法通过对多变量线性加权测算城市融入水平，例如，秦立建、陈波（2014）将农民工的城市融入界定为文化参与、社会经济融入和心理认同三个层次，并以此为基础，借鉴模糊集理论构建了一个综合性的农民工城市融入度的指标。尽管测量方法不尽相同，但是，整体而言，大部分学者主要使用主观评价指标来测量农民工的城市融入（朱力，2002；周皓，2012；张超，2015）。

（3）农民工城市融入的影响因素研究。大量文献对农民工城市融入的影响因素进行了研究，在微观因素方面，学者普遍认为农民工的城市融入与农民工的人力资本、社会资本等个体或家庭特征有关（金崇芳，2011；赖晓飞，2009；何军，2011；赵光勇、陈邓海，2014；George，1987；Portes，1998；刘传江、周玲，2004），又受农民工收入水平、就业状况、居住条件等经济因素的影响。

关于经济因素与农民工城市融入的关系，已有研究普遍认为农民工经济水平的差异会影响城市融入。工资水平直接决定了农民工在城市的生存能力，在其他条件不变的情况下，工资水平越高，越能满足基本生活消费，城市融入的能力和意愿也就越强。消费结构是农民工在城市消费过程中所消费的各种不同类型的消费资料的比例关系。从收入水平看，魏星（2016）通过实证分析发现，当农民工的经济收入水平达到一定程度后可以跨越市民与非市民的门槛，实现市民化进程的转变。Algan（2010）、Hamermesh（2013）等学者的研究发现，较高的经济收入对流动人口的社会融入具有积极的促进作用；从就业和收入稳定性来看，石智雷和朱明宝（2014）、陆万军和张彬斌（2018）等学者认为就业稳定性与稳定的收入来源对增强"城市人"的身份认同感具有显著的促进作用。从居住因素看，Dorvil等（2005）认为住房是影响社会融入的重要因素，戚迪明（2017）、熊景维（2016）等学者研究发现居住空间对农民工城市融入具有显著影响，居住隔离不利于农民工价值观、生活方式的更新与向社会上层流动。魏下海、黄乾（2011）通过实证分析证明，买房的农民工的定居城市意愿最强，其次就是住在亲友家的农民工，最后是住在工作场所的农民工。张超（2015）以江苏吴江调查数据为研究基础，发现影响农民工城市融入的最主要因素是其居住空间和工作单位情况。在宏观因素方面，农民工城市融入在不同城市与地区间存在差异已被许多学者所证实，Lamphere（1992）、田明（2017）等学者认为城市经济发展水平影响流动人口在该城市的行为与融入。Jeffrey G. Reitz（2010）等学者研究发现流入地与流出地之间经济结构差异会影响流动人口的社会融入。Bratsberg等（2014）、彭云春（2007）等学者认为流动人口在流出地的收入水平和乡土记忆影响他们在流入地城市的社会融入。卢海阳和钱文荣（2013）、梁辉（2013）等学者认为地区的制度与文化会影响农民工城市融入。

1.2.2 农民工市民化研究

近年来，学者对市民化问题进行了大量研究，取得了丰富的成果。从既有研究看，很多文献探讨了市民化的影响因素，农民工市民化既受宏观层面经济社会、制度等因素的影响，又和微观层面转移者个体特征、家庭特征等因素相关。

在宏观层面，早期的推拉理论（Lee，1966）和二元结构理论（Lewis，1954）把人口迁移归结于地区、国家间经济社会发展的不平衡。地区间的收入差距、文化差异、基础设施与公共服务差异都会影响农民工的迁移。例如，Todaro（1970）认为城乡预期收入差距是农民工迁移的主要原因。陈昭玖、胡雯（2016）研究发现区域的特征、经济水平、地理位置等地缘特征对农民工市民化意愿具有显著影响。冯英杰、钟水映（2018）认为城市公共产品有效供给影响农民工市民化。我国的城乡二元经济结构既是农民工迁移的主要推力，又是农民工市民化的重要阻力，学者普遍认为城乡的二元制度对农民工市民化具有消极作用，例如，刘传江、程建林（2009）认为户籍制度以及粘贴在户籍制度上的其他相关制度安排形成了双重"户籍墙"是阻碍农民工市民化的主要因素。马晓河、胡拥军（2018）认为成本分担机制、户籍制度、农村土地制度、财税体制等制度因素影响农业转移人口市民化。

在微观层次，早期新古典理论基于个体的理性人假设，认为市民化与否是迁移者做出的对个体最优的选择，个体的人力资本、社会资本、年龄、收入水平等个体特征影响市民化。例如，梅建明、袁玉洁（2016）认为年龄、受教育程度显著影响农民工市民化意愿。陈延秋、金晓彤（2014）认为个人的职业技能、培训经历等人力资本，社会亲情网络、参加社会活动情况等社会资本以及城市归属感、对本地居民态度等心理资本对新生代农民工市民化意愿具有显著影响。龚紫钰（2017）经研究发现务工单位成立工会、周工作时间、工作满意度等就业质量因素对农民工定居意愿和落户意愿均具有显著影响。新迁移经济理论突破个体局限，认为迁移与市民化是家庭预期收入最大化和风险最小化选择的结果（Stark，2005；Roca，2017）。国务院发展研究中心课题组（2010）研究发现，住房、小孩教育、养老问题是阻碍我国农民工市民化的主要因素，家庭在外务工人数对农民工市民化意愿也具有显著影响（熊芳，2015）。

1.2.3 农民工城市住房研究

移民住房问题是世界各国城市化进程中无法逃避的社会问题，西方在这一问题的解决上积累了相当多的经验和成功案例。在研究对象上，国外缺乏与农民工完全一样的概念，因此直接涉及农民工住房问题的研究相对较少，移民工人、国际劳工以及城市贫民等住房问题的研究对我国农民工住房研究具有一定的借鉴意义。邓尼逊（Donnison，1982）在研究中提出政府具有三种住房保障模式：雏生型、社会型、全面责任型。他还在研究中指出不同的住房保障模式体现了各国政府对于移民住房保障上的不同责任。曼苏尔（Mansur E. T., 2002）通过构建住房模型，检验了政府的住房提供对解决移民的贫困的作用，他认为通过降低住房租金或增加移民的收入都能够改善移民住房困难者的居住状况。拉帕波特（Rappaport J., 2004）在研究中指出工资和房价在移民的居留因素上的影响是最大的，因此，政府要促进移民定居，必须加大对移民的住房供给。

近年来，我国学术界围绕农民工住房现状、住房选择及影响因素以及住房改善的制度设计等方面开展了大量研究，农民工住房条件差、住房行为影响因素复杂、政策需求多样化已成为共识。

（1）农民工住房现状研究。国内关于住房现状研究主要有两个方面：一方面是住房来源方面的研究，新生代农民工更倾向于合租的方式（宛恬伊，2010）。甘满堂（2008）认为在我国当前的现存住房政策下，农民工的住房选择必须结合制度因素和农民工的不稳定性特征以及住房货币化等客观事实。另一方面是居住问题研究。黄烈佳、童心、王勇（2010）对武汉市农民工的居住现状进行了随机调查，结果发现农民工在城市住房存在住房面积过小、房租高企、环境脏差、管理混乱等特点。胡福光（2014）发现农民工不仅没有足够的经济能力去购买市场商品房，而且他们连申请政策性住房的资格也几乎被剥夺，比如政府保障性住房，人们的居住状况呈边缘化趋势。陈丹娜、卜雨欣（2019）基于广州市的调查发现，流动人口在城市的住房拥有率几乎都不高，多以租房为主，且住房拥挤度较高，近郊区和城中村因住房和通勤成本低、交通便利，是流动人口的主要居住地。

（2）农民工住房政策和对策研究。董昕和周卫华（2014）通过对改革开放以来文献、政策、数据的梳理发现，在相当长的一段时间内，农民工住房问题被忽视，存在住房政策的空白和缺失。顾恰（2008）则认为政府应成为社会住房保障中的责任主体,对保障中低收入阶层居民的基本住房权利有着不可推卸的责任。陈春、冯长春(2011)认为政府和社会在住房保障上应该进行区别对待,首先是对那些存在基本住房消费障碍的农民工应采取必要的措施予以救济和援助,其次对那些留城意愿强烈的新生代农民工应该提供可行的住房路径选择。张江涛(2009)认为农民工住房问题可分为三步来解决:第一步是要改善农民工居住环境;第二步是让农民工在同等条件下享有住房保障资格;第三步是要消除城乡差别对待,让社会改革成果惠及城市农民工。

(3)农民工住房消费的影响因素研究。首先从农民工自身来看,劳动力素质不高使农民工大多在城市从事苦脏累且工资低的工作,而城市住房市场经济的运作机制使其无法依靠自身力量购买住房(高淮成,2006)。再加上社会保障制度的限制,农民工在城市的医疗、子女教育等费用都较城市居民高,这导致他们即使省吃俭用也远不够购买住房。黄卓宁(2007)提出,随着农民工进城打工年限的延长,其由集体宿舍向出租屋转移的倾向会提高;已婚农民工出于保护隐私、情感交流等原因较未婚者的租房意愿高。其次从外部因素来考察。吴维平、王汉生(2002)认为地理区位的变迁让农民工住房条件更加恶劣;城乡接合部工作机会多、租房容易是造成流动人口在此聚集的主要原因。熊波、石人炳(2007)的研究表明,由住房质量、居住空间、住房地理位置综合构成的居住条件对农民工的城市定居意愿有重要影响。

(4)农民工居住满意度及影响因素研究。当前学者对居住满意度的研究主要集中在居住满意度的测量和影响因素。由于居住满意度的主观性与内涵的复杂性,至今没有一个统一的指标体系。当前对居住满意度的测量取向主要有两种:一是单一整体测量法,通过直接评分从整体上考察住户的居住满意度,例如曾广录(2013)把保障对象对保障房建设和管理中的总体评价作为居住满意度。谭清香(2015)采用对当前住房情况直接整体评分的形式来测量居住满意度,分数越高表示满意度程度越高。二是综合评分法,认为居住满意度是由与居住相关的各个方面的评价共同组成。例如,吴莹等(2013)从居住体验、家庭需求、社会排斥和相对剥夺4个大类12个小类对公屋住户的居住满意度进行了测量。湛东升等(2017)从居住环境、住房条件、配套设施、交通出行四个维度对北京市居民的居住满意度进行了测量。关于居住满意度的影响因素，已有研究主要涉及三个方面：一是作为商品属性的一般性因素，具体表现为对住房质量、住房结构合理性、住房成本、水电气等市政服务质量等方面。例如，王效容（2014）研究发现租金标准、厨房卫生间的设置、通风采光等因素对大学毕业生保障房居住满意度具有显著影响。何立华等（2011）的研究也发现住房厨卫设计的合理和实用性以及住房的保温、隔热和隔音状况对居住满意度具有显著影响。二是作为衍生功能的特殊性因素，即以居住功能为中心，与工作、上学、娱乐、医卫等形成一个住房空间，对住房空间使用过程具有影响，具体表现为出行交通便利性、学校、医院、购物等设施的数量与质量等方面。例如，李广磊（2015）认为教育资源、医疗服务、公共文体资源是影响居住满意度的重要因素。三是个体与家庭特征，包括人力资本、社会资本等。例如，李世龙（2015）研究发现性别、婚姻状况、是否有子女对新生代农民工住房满意度有显著的正向影响。冯健等（2017）通过对苏州老城区的实证分析发现家庭经济状况和年龄对居住满意度有影响。此外，对于农民工、低收入人群等特殊人群，政府提供的公共服务也是其居住满意度的重要衡量因素。

1.2.4 农民工住房与城市融入关系研究

由于城市融入内涵界定的不一致性，已有研究对农民工城市融入与住房之间的关系还存在一定的分歧。例如，一些学者认为，住房是城市融入的一部分，属于经济融入的范畴（杨菊华，2009）。另一些学者则认为，住房作为一种经济因素，是影响城市融入的一个重要因素，不属于城市融入范畴（陆自荣，2014），持这种观点的学者往往把城市融入的维度界定在社会、文化和心理层面。在此基础上，一些学者对住房与城市融入的关系进行了研究。大部分学者认为住房保障对农民工城市融入有决定性的影响。石智雷、施念（2014）从住房保障视角研究发现，拥有住房公积金的农民工的城市融入水平更高，自购商品房的农民工比其他住房类型的农民工更容易融入城市。有的认为住房保障会影响农民工的经济融入（席宇平，2015；李飞扬，2014），有的认为居住条件通过影响农民工的社会融入从而影响融入度（黄侦、邓习赣，2016；袁磊，2013），也有的认为住房保障会影响农民工的心理融入（赵旭、王钢，2014；韩克庆、林欣蔚，2015）。

甘满堂和王岩（2008）、戚迪明（2017）、熊景维（2016）等学者对农民工住房空间与其城市融入的关系进行了研究，主要结论认为居住隔离不利于农民工的城市化和社会融合。甘满堂、王岩（2008）针对福州市进行调查发现，租赁是农民工在城市住房来源的主要形式，其中与他人合租成为其最普遍的居住形式，居住区域主要在城中村与城乡接合部，这种情况客观上把农民工与城市居民从居住空间上进行了隔离，不利于社会融入。戚迪明（2017）基于辽宁省的农民工调查数据研究发现，居住空间隔离对农民工的城市融入有显著的负向影响，其中，老一代农民工、中小城市的居住空间隔离效应要大于新生代农民工和大城市。朱宇、杨云彦和王桂新等（2005）认为，居住条件和地点上的差异使得流动人口在空间上和社会交往上与本地人隔离开来，加剧了本地人对流动人口的排斥，从而对流动人口的社会融入产生负面影响。居住成本是影响农民工城市融入的又一个重要因素，贾春梅、葛扬（2015）研究发现，居住成本对流动人口的居住福利具有显著的负向影响。部分学者研究发现住房对农民工城市融入的影响在不同群体间存在差异，例如，陈春、于立和吴娇（2016）研究发现，住房类型、住房状况和周围环境对老一代农民工城市融入具有显著正向影响，而住房类型和住房状况对新生代农民工的影响不显著。

还有一些文献研究了住房对农民工幸福感、社会阶层与身份认同等心理层面融入的影响，例如，潘泽泉、何倩（2017）研究发现，农民工的居住地类型、居住空间模式和居住空间的阶层化特征对农民工的身份认同和城市心理融入具有显著影响。赵晔琴、梁翠玲（2014），徐延辉、邱啸（2017），张海东、杨城晨（2017）等学者对住房与农民工的阶层与身份认同之间的关系进行了研究，结果发现，住房产权、住房面积、居住区位等因素对农民工的阶层和身份认同具有显著影响。朱帅、郑永君（2018），李涛、史宇鹏（2011）等学者研究了住房与农民工幸福感的关系，得出了住房条件显著影响农民工幸福感的结论。

综上所述，学术界对农民工城市融入和农民工住房问题的研究已取得了不少成果，但将两者关联起来进行深入分析的文献还相对较少。而且，已有关于农民工城市住房与城市融入关系的研究还存在进一步探讨的空间：

（1）在已有关于农民工城市住房与城市融入关系的研究中，大多侧重于住房某一个方面的特征对城市融入的影响，对农民工城市融入中的住房问题缺乏系统的分析。住房具有经济价值、使用价值、象征价值等多种价值形态，而且还具有经济属性、社会属性等多种性质，因此对农民工城市融入过程中的城市住房问题进行系统探讨有助于更准确地了解农民工城市融入。

（2）农民工城市融入测度方法有待优化。已有研究大多停留在单一指标变量的刻画和线性加权方法上。单一变量测度过于简单，无法充分反映城市融入及各维度的丰富内涵。采用线性加权方法测算的综合法虽然比单一法更为精确科学，但也存在权重赋值主观性强与依据不明确、难以兼顾不同维度的嵌套影响关系、降维会损失较多变量信息等诸多弊端。

（3）在实证分析时，已有研究大多采用一般回归分析方法，对农民工城市住房与城市融入之间因互为因果或者遗留变量等因素导致的内生性问题缺乏有效讨论，研究结论的可靠性难以保障。

（4）农民工城市住房与城市融入具有地域性特征，两者之间的关系同样具有地域性特征，而且居住福利、居住满意度和城市融入都与个体的主观感受有关，存在个体间的差异，现有文献很少考虑农民工城市住房与城市融入关系的这种城际与群体差异。以上这些都为本书的开展提供了思路和方向。

1.3 研究思路与方法

1.3.1 研究思路

在对国内外相关理论文献进行归纳总结的基础上，本书首先分别对与农民工城市融入相关的社会融合理论、社会排斥理论和社会行为理论以及与农民工城市住房相关的公共产品理论、住房公平理论和社会福利理论进行了归纳分析，在理论分析的基础上，对农民工城市融入、农民工市民化、农民工居住福利、保障性住房等概念进行了界定。其次在理论分析的基础上，构建农民工城市融入、农民工市民化、农民工居住福利和农民工居住满意度评价指标体系，并基于宏观数据和家计调查数据，对我国农民工城市融入现状、住房条件与居住满意度现状进行了统计分析。再次运用结构方程模型、最优尺度回归模型、多层次模型等分析方法对农民工城市融入的影响因素、农民工市民化的影响因素、农民工城市居住满意度的影响因素以及居住福利对农民工城市融入的影响进行实证分析。最后在理论研究、现状分析、实证分析的基础上，从多渠道增加住房来源、提高农民工支付能力、完善住房保障体系等方面提出了一系列促进农民工城市融入和改善农民工居住福利的对策与建议。

1.3.2 研究方法

本书在具体研究的过程中，综合采用了文献分析、实地调查、实证分析等研究方法，具体说明如下：

（1）文献分析法。本书的选题、研究框架的建立以及实证方法的选择、农民工城市融入与居住福利等测量指标的选择、影响因素计量模型的构建都是基于对国内外相关理论与方法的归纳和总结。

（2）实地调查法。本书的实地调查拟采用问卷调查与深度访谈相结合的方法，通过实地调查收集农民工基本特征、个人主观评价以及城市经济、社会、心理、地理空间等基本信息，为本书开展实证研究收集微观数据。

（3）实证分析法。本书运用结构方程模型、最优尺度回归模型、多层次模型等分析方法对农民工城市融入的影响因素、农民工市民化的影响因素、农民工城市居住满意度的影响因素以及居住福利对农民工城市融入的影响进行实证分析。

1.4 研究内容与技术路线图

本书共分9章，第1章为绪论。各章的内容具体如下：

第2章：理论基础与相关概念。本章主要运用文献分析法对城市融入、住房保障相关的社会融合理论、社会排斥理论、社会行为理论以及公共产品理论、住房公平理论、社会福利理论等进行深入、系统的研究。在理论分析的基础上，对农民工、城市融入、市民化、居住福利、保障性住房等概念进行了界定。

第3章：农民工城市融入指标体系构建与现状分析。本章运用社会行为理论、社会融合理论等相关理论，参考已有研究成果，构建农民工城市融入评价指标体系，并借鉴模糊集理论，运用隶属度函数和多层次综合评价方法，对农民工城市融入进行测度；进而运用宏观数据和家计调查数据对我国农民工城市融入状况进行统计分析。

第4章：农民工城市住房现状分析。本章首先运用宏观数据和家计调查数据对我国农民工城市住房状况进行统计分析、对农民工城市居住满意度进行综合测度并对其影响因素进行实证分析；其次对我国农民工住房政策和住房困境进行分析。

第5章：农民工城市融入影响因素实证分析。本章在前面理论分析的基础上，从宏观因素和微观因素两个层面，构建了地区异质性、经济福利与农民工城市融入三层次关系结构模型。基于家计调查数据，运用结构方程模型对地区异质性、经济福利对农民工城市融入的影响进行实证分析。

第6章：农民工市民化影响因素实证分析。本章在前面理论分析的基础上，从宏观因素和微观因素两个层面，构建了城市级别、迁移福利与农民工市民化倾向三层次关系模型。基于家计调查数据，运用最优尺度回归模型对城市级别、迁移福利对农民工市民化倾向的影响进行实证分析。

第7章：城市住房对农民工城市融入的影响。本章基于前面几章的理论分析，分别基于2013年中国综合社会调查（CGSS）的数据和湘、黔、浙、渝四地的调查问卷数据，运用OLS方法和结构方程模型，实证研究城市住房消费、居住福利对农民工城市融入的影响。

第8章：促进农民工城市融入的住房政策与措施。本章在理论研究、现状分析、实证分析的基础上，从多渠道改善农民工住房条件、把农民工纳入城市住房保障体系、提高农民工支付能力三个方面提出解决农民工城市住房问题和促进城市融入的对策建议。

第9章：结论。

1 绪 论

本书的技术路线如图1.1所示：

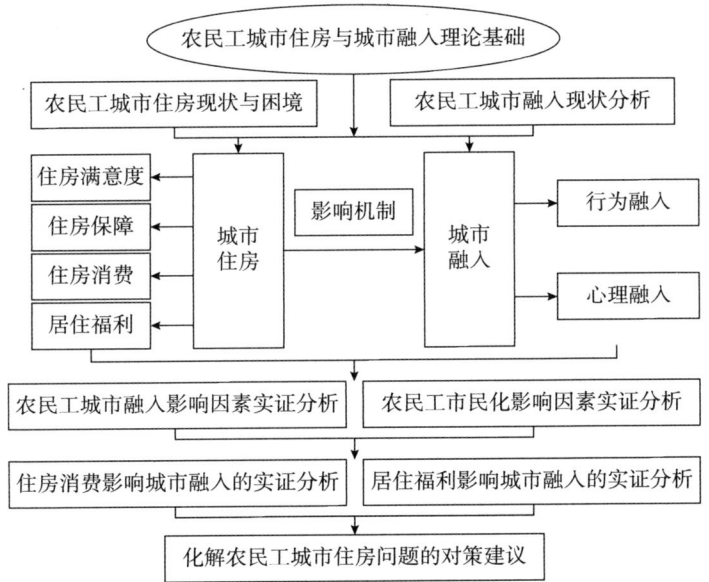

图1.1 本书的技术路线

2

理论基础与相关概念

2.1 农民工的界定及内涵变迁

"农民工"一词最早出现在 1984 年中国社会科学院《社会学通讯》上,社会学家张雨林教授在《县属镇的"农民工"——吴江县的调查》一文中提到,"江苏省吴江县存在着户口在农村,人却常年在附近县属镇做工的'农民工',他们多数长期在一个企业工作,早已不是临时工"。农民工是伴随工业化和城镇化而出现的新型劳动大军,其在改革开放的不同阶段呈现不同的特点,其称谓也经历了"民工""外来务工人员""农民工""农业转移人口"的变化。

1985 年之前,农民工主要被乡镇企业吸收,呈现"离土不离乡,进厂不进城"的流动方式。1985 年以后,随着改革开放的深入和人口自由流动制度的改革,出现了"离土又离乡,进厂又进城"的流动方式,导致了 20 世纪 80 年代末开始的"民工潮",对交通运输、计划生育、社会治安等各方面都带来了挑战。为此,国家相继出台了一系列控制农民工盲目流动的措施:1989 年国家先后发布了《关于严格控制民工外出的紧急通知》《关于严格控制民工盲目外出的紧急通知》,要求各地采取有效措施,严格控制当地民工盲目外流。1990 年发布了《关于做好劳动就业工作的通知》,要求对农村进城务工人员做好控制和管理。可见,在这一时期,对农民工的称谓包括"民工""进城务工人员"。1999 年 8 月颁布的《中华人民共和国招标投标法》第一次在法律文件中使用"农民工"这个词,使得"农民工"这个概念在法律上得以确认,成为政府对这个群体的正式称呼。2006 年 3 月,在发布的《国务院关于解决农民工问题的若干意见》中对农民工进行了正式界定,把农民工定义为"我国改革开放和工业化、城镇化进程中涌现的一支新型劳动大军。他们户籍仍在农村,主要从事非农产业,有的在农闲季节外出务工、亦工亦农,流动性强,有的长期在城市就业,已成为产业工人的重要组成部分"。在 2009 年 12 月召开的中央经济工作会议上提出"要把解决符合条件的农业转移人口逐步在城镇就业和落户作为推进城镇化的重要任务",这是首次用"农业转移人口"替代了"农民工"的概念,并强调了农民工在城市"就业"和"落户"的双重导向,也表明了农民工未来"职工"和"市民"的身份定位。

综观学者们的研究,学术界对农民工的定义虽然各有侧重,但对农民内涵的判断大体趋向一致,认为农民工是具有以下两个特征的劳动者:一是身份特征,农民工的户籍为农业户口;二是职业特征,农民工从事的为非农职业。例如,郑功成和黄黎若莲(2006)认为,农民工是指具有农村户口身份却在城镇或非农领域务工的劳动者,是中国传统户籍制度下的一种特殊身份标识,是中国工业化进程加快和传统户籍制度严重冲突的客观结果。李培林(2003)认为农民工是一种社会身份与职业的结合,农民是一种社会身份,工是一种职业。刘传江(2008)指出农民工是从农民中分化而来、与农村土地维持一定程度经济联系的群体,他们不具有城镇居民身份,以工资为主要经济来源,从事非农业生产和经营活动。

国家统计局发布的历年《农民工监测调查报告》中把农民工界定为"户籍仍在农村,在本地从事非农产业或外出从业6个月及以上的劳动者",并根据就业地域特征,把农民工进一步划分为"本地农民工""外地农民工",根据居住特征,提出了"进城农民工"概念,"进城农民工"被界定为"居住在城镇地域内的农民工"。本书所指农民工主要是进城农民工,即户籍在农村,居住在城镇地域内,从事非农产业6个月及以上的劳动者。

2.2 城市融入的理论基础及概念界定

2.2.1 社会融合理论

社会融合理论是伴随着移民运动的兴起而产生的,最早的研究始于20世纪20年代的美国芝加哥学派,其后受到社会学、人口学、地理学、人类学和政治学等多个学科的普遍关注,内涵不断扩大。由于各学科研究视角的不同,以及社会融入过程本身的复杂性,学术界关于社会融合的概念界定并未达成共识。与社会融合(Social Integration)相近的概念主要有同化(Assimilation)、社会整合(Social Cohesion)、社会融入(Social Inclusion)、社会适应(Social Adaptation)、社会吸纳(Social Inclusion)。这些概念从不同的层面和角度概括和描述移民融入迁入地的状态及过程，所表达的核心思想基本一致。

随着国内外学者在该领域的研究不断深入，社会融合的概念也不断丰富。国外对社会融合的研究主要侧重在移民。Ellingsen（2003）认为移民的社会融合可以被定义为个体或群体（平等地）被包容进主流社会或各种社会领域（Social Area）的状态与过程，这一概念应该包含着移民与新社会之间的相互适应。Bosswick 和 Heckmann（2007）将社会融合定义为移民者和迁入地社会交互的过程，在这个过程中，移民者学习新文化、获取权利和义务、建立社会地位、与迁入地市民建立人际关系、形成归属感和身份认同，而迁入地社会则开放制度、赋予移民平等的机会，使得迁入地社会拥有更大的权力和威望。Nimmerfeldt 等（2011）则将融合定义为一个过程，在这个过程中移民者被整合到接收地社会中。融合的过程包括移民群体个体成员与当地成员，移民群体与当地群体间，以及移民群体与接收地的制度和政策间的交互，并提出移民社会融合包含四个维度：结构融合（Structural）、文化融合（Cultural）、社会或交互融合（Social Orinteractive）和身份融合（Identificational）。

借鉴西方移民的社会融合研究，国内很多学者也尝试对流动人口的社会融合概念进行界定。整体而言，国内的定义强调互动性，并与共建和谐社会或建立和谐关系相联系。例如，任远和邬民乐（2006）认为社会融合是个体和个体之间、不同群体之间或不同文化之间互相配合、互相适应的过程，并以构筑良性和谐的社会为目标。马西恒和童星（2008）认为"社会融合是指'新移民'在居住、就业、价值观念等城市生活的各个方面融入城市社会、向城市居民转变的过程"。周皓（2012）认为"社会融合是指迁入（或流入）人口在迁入地逐步接受与适应迁入地的社会文化，以此构建良性的互动交往，并最终形成相互认可、相互'渗透、交融、互惠、互补'的过程"。姚烨琳等（2018）学者将国际移民的社会融合划分为心理融合、文化融合和经济融合三个因子。徐延辉和邱啸（2019）将社会融合定义为：农民工参与城市生活，与城市居民在经济、社会和心理等层面不断缩小距离的一个双向适应过程。在此基础上，将社会融合划分为经济融合、社会参与、心理融合三个维度。

2.2.2 社会排斥理论

法国经济学家勒内·勒努瓦（Rene Lenoir）在1974年出版的《被排斥群体：法国的十分之一人口》一书中，用法语"Les Exclus"形容那些没有被传统的社会保障体系所覆盖的人，比如单亲父母、残疾人、失业者等易受伤害人群，在国内引起广泛关注。其后，"Les Exclus"被翻译成英语"Social Exclusion"，这一概念很快被欧盟所采纳，成为衡量贫困的重要主题。到20世纪80年代末90年代初，"Social Exclusion"广泛传播到了欧盟以外的国家。英国社会学家安东尼·吉登斯（Anthony Giddens）认为社会排斥是与底层阶级相关的一个概念，他认为社会排斥是指一系列阻止个体或群体获得对大多数人开放的机会的广泛的限制性因素。社会排斥可能导致个体中断全面参与社会的过程和途径。

社会排斥具有不同的维度，英国伦敦政治经济学院（The London School of Economics and Political Science）把社会排斥分为四方面内容：①消费排斥。比如购买商品和服务的能力。②生产排斥。比如参与经济或社会性的有价值的活动。③政治参与排斥。比如参与地方或全国性的决策。④社会互动排斥。比如与家庭、朋友和社区的融合。英国学者詹妮·珀西—史密斯（Janie Percy-Smith）认为社会排斥包括经济、社会、政治、邻里、个体、空间、群体七个维度。对社会排斥维度最常见的划分方法是"四分法"，即将社会排斥分为经济排斥、社会排斥、政治排斥和文化排斥四个维度。①经济排斥主要包括就业排斥和消费排斥，其中，就业排斥是指弱势群体被排斥于工作机会之外；消费排斥则是指对个人发展而言不可或缺的重要消费项目的排斥，表现为被排斥群体在通信、金融服务、住房等基本消费品上的缺失。②社会排斥是指群体由于社会权利的缺乏或者社会关系纽带的断裂而无法参与到正常的生活中。③政治排斥是指被社会排斥者由于缺少参与政治过程所必需的资源、信息和途径，限制了他们政治参与能力的发展，导致其呼声和需求不可能被纳入政治议程，从而被剥夺了分享政治权利和利益的机会。④文化排斥是指在社区生活、社会网络和活动等领域发生的排斥。被排斥者享用社区健身、娱乐和公共文化设施的条件较差，参与社区活动的水平很低，与主流社会的交往和联系程度较弱。

由于长期的城乡二元结构，我国农民工在城市融入过程中面临诸多社会排斥，在经济层面，由于劳动力市场的分割，农民工往往被限制在非正式部门和低端劳动力市场就业，工资收入低、劳动权益得不到有效保障。在政治层面，农民工缺乏实现诉求表达和权利维护的渠道和能力，其合法权益经常得不到有效保护。在制度层面，由于户籍制度的约束，农民工被排斥在就业、教育、医疗等城市基本公共服务和保障之外。在文化层面，城市居民对农民工的偏见和歧视也较为普遍。此外，在诸多社会排斥中，住房排斥是一种最典型和最严重的社会排斥，正如英国社会学家安东尼·吉登斯（Anthony Giddens）所言，缺乏住房及由此导致无家可归是一种最极端的社会排斥形式。在我国当前社会，农民工城市融入过程中的住房问题是城市社会制度排斥的结果，已成为制约农民工城市融入的重要障碍。

2.2.3 社会行为理论

德国社会学家斐迪南·滕尼斯（Ferdinand Tönnies）认为社会的本质实际上是指构成社会的本质要素，而构成社会的本质要素包括社会关系、社会集合体和社会集团三种类型，其中，社会关系是基础，其他两个要素是社会关系的两种主要表现形式。社会行动理论（Theory of Social Action）认为社会行动是构成各种社会关系和社会现象最基本的要素，它是由外界环境与行动者主观能动性共同作用的动态过程。

德国社会学家马克斯·韦伯（Max Weber）认为，社会行动是这样一种行动，即行动者以他主观所认为的意义而与他人的行为相关。马克斯·韦伯的社会行动包括三个基本要素：①行动者主观上以他人行为为取向；②几个行动者各自行动意义的取向在某种程度上考虑到他人的行为，于是出现一种社会关系；③在长期的关系中存在一种稳定的有意义的内容。美国社会学家塔尔科特·帕森斯（Talcott Parsons）认为社会行动的基本单位是单元行动，每个单元行动包括行动者、目的、条件和手段、规范限定等因素。行动者的行动是有目的的，离不开一定的条件和手段，并受到规范的限制。英国社会学家安东尼·吉登斯（Anthony Giddens）认为，社会行动是一种不间断的行动流，是一个我们不断地加以监控和"理性化"的过程，行动本身是一种能动行为。同时，社会行动的这种能动行为的连续性又会导致社会行动在时间上的持续性。

根据社会行动理论，社会行动具有连续性、能动性、交互性和反思性特征，其中，交互性是人们在交往行为中一种信息、知识和情感之间的互动关系，是社会融入的主体能否融入社会的重要内容。反思性是指在进行行动时，行动者不仅有其行动的理由和动机，而且还能对自己的行动及所处情境的社会和物理特性进行反思性监控，以此来调整自己的行为模式适应社会。主体如果能够在与周围环境的持续互动中维持自身的发展、获得自我认同和社会认同，并最终获得成就感、自信和尊严，则认为该主体真正实现了社会融入（陈成文、孙嘉悦，2012）。可见，社会融入不只是行为互动，还包括心理层面的互动，社会融入实质上是一个主体主观意识和行为互动交互作用的过程，两者都是社会融入的内容，是社会融入的两种不同表现形式。

城市融入是流动人口与城市各主体以及各系统之间不断的持续性互动的过程，而社会互动又是由社会行动组成，因此，城市融入的本质是社会行动，是一个与他人相关的动态行为过程（陈成文、孙嘉悦，2012）。城市融入同样包括行为和心理两个方面的互动，因此对城市融入的衡量也应该包括行为层面和心理层面两个维度。

2.2.4 城市融入相关概念界定

2.2.4.1 城市融入

国内外学者对农民工城市融入的研究主要基于社会融合理论。国外学者主要关注国际移民的融入问题；而国内学者的关注点主要集中于国内移民的融入方面，其中又以农民工移民为关注重点。由于我国长期的城乡二元结构，使得农民工进入城市后，需实现对城市社会环境、生活环境、制度环境以及文化环境等的适应，以实现融入城市的目的。

目前，学术界对城市融入概念的定义从狭义到广义、从过程到结果、从客观到主观等方面不断丰富和发展，尚没有达成共识，但对农民工城市融入的多维度和动态性判断大体趋向一致。

(1) 城市融入不是单一维度，是一个包含了多个层面的多维度概念。一些学者从行为和心理层面来衡量农民工城市融入。例如，任远、乔楠（2010）等学者从身份认同、城市态度、社会态度感知等心理层面以及与市民互动、参与社区活动等行为层面来衡量城市融入。赵建国和周德水（2019）运用"去年，您是否参加过城市社区活动""您认为自己现在已经是哪里人"两个问项从社区活动参与层面和心理层面衡量农民工城市融入。更多的学者用经济融入、文化融入、社会融入、心理融入等多维度来衡量城市融入。例如，郭庆然和陈政（2019）等学者从经济融入、社会文化融入、心理融入与身份融入四个递进维度构建城市融入指标体系。李培林和田丰（2012）把农民工城市融入分为经济、社会、心理和身份四个维度。秦立健和陈波（2014）把农民工城市融入分为文化参与、社会经济融入和心理认同三个维度。龚文海（2014）从经济融入、社会融入、制度融入、心理融入四个维度建立农民工城市融入指标体系。有学者基于马斯洛的需求层次理论，进一步认为，农民工城市融入是一个循序渐进的过程，各维度间呈现递进关系，其中，经济融入是立足城市的基础，完成了初步的生存适应之后，社会交往是进城农民工城市生活的进一步要求，它反映了进城农民工融入城市生活的广度。心理层面上的适应是属于精神上的，是城市融入的最高阶段，它反映出进城农民工对城市生活方式等的认同程度，反映了进城农民工融入城市生活的深度（杨菊芳，2009）。

(2) 城市融入不是一种静止状态，是一个动态过程。城市融入不是一蹴而就的，是移民进入城市、定居城市到适应城市的一个动态过程。农民工的城市融入则指的是农民工个体之间、农民工与市民之间以及农村文化与城市文化之间互相配合、互相适应的过程（任远、邬民乐，2006）。吕柯（2004）、梁波等（2010）等学者认为城市融入是指农民工在生产方式、生活方式、社会伦理与价值观念上整体融入城市并认同自身新的社会身份的过程与状态。梁波和王海英（2010）认为，农民工城市融入是农民工进入城市以后，在多重生活空间、身份、主观认同上的转换过程。卢海阳（2015）认为城市融入是指在城市社会中，进城农民工与城市市民在经济、社会、文化、心理以及身份等各方面的差异不断削减和模糊，从而达到与城市社会相互交融、渗透的过程。

根据社会融合、社会行动等相关理论，结合国内外已有研究成果，本书从主观意识和客观行为两个层面把农民工城市融入界定为心理融入和行为融入两个维度。其中，心理融入主要指农民工对流入地城市、自身身份的认同以及与城市居民互动的心理感受，属于城市融入的主观维度，是主体主观意识的表征。行为融入是指农民工对流入地城市行为规范和习俗的认可与遵从以及与城市居民的互动情况，属于城市融入的客观维度，是主体客观行为的表征。

2.2.4.2 农民工市民化

"市民"概念的内涵非常丰富，不同学科对其定义也都不同。一般而言，要成为我国市民需要具备以下三个基本要件：①从身份上看，市民的首要条件是持有有效的城市户籍；②从地域上看，市民是指居住和生活在市辖区或城区范围内的居民；③从职业上看，市民是指从事非农业生产劳动的职业群体。也有学者认为市民与农民不再是户籍、地域和职业上的区别，他们的区别更主要的在于权利、待遇、生活方式、文明程度等。随着工业化和城镇化的深入发展，"市民"概念的内涵也在不断变化与更新，不断被赋予新内容。本书认为，市民是指长期居住、工作和生活在城市，能够平等地享有合法权利，并履行应尽的义务，具有城市文化特征的意识和行为方式的合法公民。

农民工市民化主要是指由农民向市民转变的过程。从狭义的角度来看，农民工市民化是指农民工获得与市民相同的合法身份和社会权利的过程，具体来说，就是获得城市户口以及诸如居留权、选举权以及医疗、教育等社会权利。但是，随着我国"以人为本"新型城镇化的深入发展，城镇化不再只是简单的人口迁入或者落户城镇，还包括迁入人口在意识观念、行为方式、人文素质等各方面的城镇化。因此，从广义的角度来看，农民工市民化不仅是农民工在客观上获得与城市居民相同的合法身份和社会权利的过程，也是农民工在主观意识上在经济、社会、文化、心理等各个层面与城市居民趋同的过程。

2.3 住房保障相关理论与概念界定

2.3.1 公共产品理论

对于公共产品的界定，西方经济学和政治经济学有所不同。西方经济学理论根据物品在消费过程中是否具有"排他性"或"竞争性"来划分物品类别，同时具有"非竞争性"和"非排他性"的物品称为公共产品，具有有限"非竞争性"或有限"非排他性"的物品称为准公共产品。其中，"非竞争性"是指一个人对于一种产品的消费并不减少或不影响其他人同时对它的消费，"非排他性"是指一种产品一旦生产出来，无论是否支付了费用，任何人都可消费。政治经济学理论则根据产品是否进行交换来界定产品性质，把用来交换并满足人们某种需要的劳动产品界定为商品，以区别于那些供自己消费或虽为他人生产但不经过交换的一般劳动产品。其中，这里所指的交换是以市场为媒介、以获取利润为首要目标和根本目标的自由交换。国内部分学者对公共产品进行了研究，形成了具有中国特色的公共产品理论。区别于西方公共产品理论强调的"经济属性"基础，中国特色的公共产品理论强调公共产品的社会属性，认为公共产品的本质属性是满足社会的共同需要。如果一种产品的消费主要是"让外部社会收益"，即使该产品不符合西方公共产品理论的"非竞争性"和"非排他性"特征，也可以认为该产品属于公共产品。

公共产品的特殊属性决定了如果由私人通过市场提供会有"搭便车"现象的存在，从而导致"公地的悲剧"。市场的失灵为政府介入提供了必要条件，但并非充分条件。政府与市场一样也存在着缺陷，市场解决不好的事情，政府的干预也未必能有效，正如科斯所言，"直接的政府管制未必带来比市场和企业更好的解决问题的结果"。因此，为了避免"政府失灵"的出现，政府在履行此类责任时还必须考虑两个方面：一是在体现公益性和福利性的同时还必须兼顾公平与效率，以避免陷于类似西方"福利主义陷阱"那样的低效水平。二是政府在承担公共产品供给责任时还需建立起一个能实现自我投入自我补偿的机制，以确保供给的可持续性。

外在性是指一种经济活动对其他经济活动产生不反映在市场价格中的间接效应，当所产生的是正效应时称为外部经济，产生的是负效应时则称为外部不经济。根据经济活动的主体是生产者还是消费者，外在性可以分为生产的外在经济、消费的外在经济、生产的外在不经济和消费的外在不经济四类，其中，生产的外在经济是指当一个生产者采取的经济行动对他人产生了有利影响而自己却不能从中得到报酬。

城市住房除了能为农民工个人及家庭带来抵御自然风险、提供安全和健康庇护等直接效应外，还对其他人和社会具有间接效应，即具有外部性。具体来说，农民工城市住房的外部性主要体现在以下三个方面：一是促进社会安定和和谐。居无定所既不利于社会稳定，更不利于社会健康平衡的发展。农民工在城市"住有所居"能减少社会安全隐患，使生活在整个城市的人们从安全、健康、和谐的秩序中受益。二是促进城镇化发展质量。住房是影响农民工市民化的重要因素，稳定、高品质的住房对农民工的城市长期定居或落户选择具有积极影响，从而能够推进城镇化的发展。三是促进社会公平。住房是公民的基本人权，正如《世界人权宣言》所言，"实现自己和家庭的健康安全及保障所需要的生活水平，包括衣、食、住和必要的保障服务，是人与生俱来的基本权利"。农民工属于典型的低收入、弱势群体，保障他们的住房权益是确保社会公平正义的基本前提。由于城市住房的正外部效益并不反映在市场的价格中，因此会导致市场运行的低效率。

因此，基于农民工住房的巨大外部性，以及准公共产品特征，如果单纯依靠市场机制的运作，大部分农民工无法自行解决住房问题。另外，由于户籍制度的限制，当前针对低收入群体的住房保障难以惠及农民工。农民工住房问题给社会和谐、城镇化发展都带来了隐患。因此，政府有必要重视农民工城市住房问题，加强对农民工的住房保障力度。

2.3.2　住房公平理论

住房是个人安身立命之所，是人们不可或缺的最基本生活必需品之一，关系到人们的生产生活和身心健康。在现代市场经济社会，无论是发达国家，还是发展中国家，都一定程度上存在住房问题。各国政府对其住房公平问题都非常重视，并试图采取各种手段解决这一问题。

2.3.2.1 住房公平的内涵

住房公平就是在住房领域内的社会公平。住房是人类维持生存的基础资源，住房对于人们而言无疑具有重要的意义，住房的公平分配是现代社会公平的基础，也是构建和谐社会的重要环节，住房领域的公平问题往往成为社会公平的集中反映（姜杰等，2007），其内涵主要包括以下两个方面：

第一，住房机会公平。毫无疑问，住房机会公平与住房资源有关，当住房资源充裕时，意味着有更多的人可以获得住房机会，但当住房资源比较匮乏时，则意味着只有少部分人能够得到住房机会。按照罗尔斯的公平观，公平的第一原则应该体现在机会的平等。遵循这种公平观，在现代社会，住房公平内涵中首当其冲的要义就是要求社会正式或非正式制度安排给每个社会成员享有住房的机会是平等的，而不应该受到成员家庭背景、性别、受教育程度、职业类型等因素的制约或影响，人人拥有住房的权利。住房权利作为一项人权首次在 1948 年《世界人权宣言》第 25 条第 1 款中提出（Leckie S., 1990），之后也成为一系列国际宣言的重要内容。最著名的是《温哥华宣言》（Vancouver Declaration on Human Settlements, 1976），现在全世界有 53 个国家认可这一宣言。而且，住房权利也被许多国家上升到法律层面来加以保护。

但是，在现实社会中，住房权利应进一步转化为住房的机会，否则，住房权利毫无意义。住房机会仅表示获得住房的一种可能性。住房权利是一种社会成员的主观规定，是对社会成员享有住房机会大小的设定。而住房资源则是一种客观条件，反映的是住房机会、住房权利在现实生活中可能实现的程度。此三者相互联系、相互区别。住房机会表现为一定数量的住房权利和资源，没有后两者，住房机会会变得毫无意义；住房机会不仅受住房权利和住房资源所制约，还受到社会成员所处的社会、经济背景的影响。

第二，住房分配公平。公平并不就是平等，公平也同样认同差异。住房机会的公平，就是强调国家或政府在提供给社会成员享有住房的可能性方面是不存在差异的，同等情况下应该同样对待。但这并不表示人们之间的住房没有差异，相反，按照正义的公平观，在住房机会公平之后，还要强调住房分配的公平，并承认人们自然的差异。强调住房分配公平，就是强调在享有住房的可能性变为现实性时要区别对待，如考虑资源的稀缺性和社会成员的差异性。如对于高收入者，可通过市场机制满足他们的住房需求，并且这类群体的住房档次与人均面积都可以高一个档次；如对于中低收入者，在他们无力购买商品房时，政府则可制定并实施住房保障措施，加强廉租住房、经济适用住房和限价房建设解决中低收入者的住房难题，但这类群体的住房档次、居住面积都应控制在一定的范围之内，在政府财政有限的背景下，合理配置住房资源。

2.3.2.2 住房公平的属性

公平总是一定社会环境与时代之中的公平，住房公平自然也不例外，故社会政治制度、经济制度、文化制度及其发展等外部因素显著地制约着住房公平。在理解住房公平时，必须把它放到一定的社会背景中去把握和认识。故本书根据我国经济社会背景，在介绍住房公平的内涵之后，对住房公平的属性进行分析，以求更深刻地理解住房公平这个概念。

第一，住房公平具有相对性。不公平总是绝对存在的，公平总是相对存在的。公平与否反映了人与人之间利益关系的比较，因此，公平是存在于相互比较之中，而比较可以包括横向比较、纵向比较等。例如，随着经济社会的发展，与以往相比，我们今天住房机会不断增长、住房分配的公平性也不断提高；但与发达国家尤其是北欧等高福利国家相比，我国住房公平处于较低的层次。

第二，住房公平具有主观性。住房公平是住房权利、机会的公平感，也即对住房问题进行评价时所产生出的一种心理感受。它是当事人的一种主观判断，不同的评价者就会制定出不同的标准，当事人会将实际所得与期望所得、自己所得与别人所得、现实所得与过去所得等进行比较，因而客观的标准本身也具有了主观的性质，这也决定了住房公平标准也只能是一种相对的公平标准。当在现实存在的住房公平事实与评价者主观心理预期相吻合时，公平感就产生了；否则就会产生不公平感。

第三，住房公平具有客观性。社会客观存在决定了社会意识，社会存在本身具有的公平或平等现象影响了公平观念的产生。住房公平作为一种社会现象被反映的对象，具有客观性的特点。住房公平的客观性主要表现在以下方面：一是住房公平标准的客观性。在评价住房时，虽然住房公平有主观性的一面，但住房公平评价标准也具有客观性，即有些标准是不以人的主观意志为转移的。二是住房机会的客观性。住房机会是一种客观存在的事物，它不受人的主观意识的影响，人们对住房公平的理解差异并不否定住房机会的客观性。

第四，住房公平具有理想性。一方面，"安得广厦千万间，大庇天下寒士俱欢颜，风雨不动安如山"，自古以来，人们就致力于追求住房公平，抱有"大庇天下寒士"的理想。人们研究住房公平，并提出建设保障性住房等一系列方案，其目的是实现或者靠近住房公平的理想，实现一切人的发展以及人的全面发展。另一方面，住房公平只是一种理想状态，无论是发达国家还是发展中国家，也无论社会发展的哪个阶段，人们只能向这个理想靠近，而不能完全达到一种绝对公平的状态。

第五，住房公平具有时代性。住房公平是一个历史的范畴，不同的时代，具有不同的生产力发展水平与不同的生产关系，每个时期的住房公平总是与特定的生产力水平和生产关系相对应的。一是不同的生产力水平，客观上决定了住房资源的多寡，导致住房公平具有时代感；二是随着时代的改变，人们关于公平的看法也在不断改变，他们对住房公平的认识往往会带有时代的痕迹。

总之，住房公平是人们对住房权利与机会平等程度的认识和评价。住房公平属于社会的生产关系范畴。住房公平是客观的、相对的公平，住房公平是人类永恒的理想追求。但住房公平的发展程度从根本上取决于现实社会、经济、文化等的发展水平，也取决于社会公平的实现程度。

2.3.2.3 住房公平问题

住房公平问题也即在住房领域里的社会公平问题。随着我国市场化改革的推进和住房制度改革的不断深入，我国住房公平问题逐渐突出。其主要表现在以下两个方面：

第一，住房机会不公平日益严重。在中华人民共和国成立至20世纪90年代中期的相当长的一段时期内，我国几乎没有房地产市场，采取计划经济模式，政府集中对住房资源进行分配。在这种住房资源的集中分配模式下,有限的住房资源要遵循平均主义原则被分配到广大住房需求者手中,最终结果是大部分居民能得到住房,但大多是面积小、质量差的"筒子楼",市场缺位使得住房建设与分配严重缺乏效率,住房机会均等分配公平程度较高但效率较低。改革开放尤其是20世纪90年代中期以后,我国房地产业从无到有、从小到大,取得了长足发展,在国民经济中所占比例也越来越大,人民居住水平也随着房地产市场的发展而不断提高,住房条件大大改善。2002年,我国城镇居民人均住房面积达到22.8平方米,超过了原定的小康目标,同期人均GDP刚达到1000美元。住房施工和销售面积以比城市化快5倍以上的速度增长。2008年,我国城镇人均住房面积超过28平方米,2010年则达到了31.6平方米,同期中等收入国家平均值为20.1平方米,中高收入国家为29.1平方米(日本为15.6平方米,韩国小于20平方米)(张光进,2011)。

快速发展的房地产市场尽管使得我国住房资源更加丰富,提高了我国住房市场的建设效率,但我国的住房机会公平并没有因此而提高,反而进一步恶化。其主要原因:一是我国房地产价格虚高,超过了大多数民众的购买能力。普通城镇居民为了一套住房耗费半生甚至是一生的收入,住房消费成为城镇居民沉重的负担。据世界银行的标准,房地产价格水平的高低与否,往往用房价收入比来衡量,以3~6倍比较适当。国家统计局的报告显示,2005年我国城镇居民家庭房价收入比为10.21,2007年有些城市的房价收入比达到了20,至今最高比值甚至达到了30~40。部分中高收入者由此沦为"房奴",大部分中低收入者更是被排斥在住房机会的大门之外。虚高的房价已远远超出了现阶段绝大部分城镇居民的购买能力,限制了广大城镇居民对商品房的有效需求增长。二是改革开放之后,我国居民之间的收入差距分化非常严重,居民的住房购买力存在巨大差异。穷成为穷的原因,富变成富的理由,财富越向少数人集中而大众收入偏低,基尼系数不断增长,据一些专家的研究,我国2010年基尼系数就超过了0.5(丛亚平、李长久,2010)。在收入分化的背后,是高收入家庭一户多套住房,空房率高,而中低收入家庭居住条件差,住房缺口大。三是我国住房市场的结构不合理。我国住房的供给结构偏重于商品房,经济适用房、廉租房等只面向中低收入家庭,因而数量少、管理不完善、实际保障作用不明显。

第二，住房分配不公平。如前所述，住房分配公平首先要做到不同收入阶层获得住房机会的公平。中等收入及以上阶层凭借自身经济能力通过市场购买或租赁较好的住房，对被排斥在市场之外住房困难的低收入阶层则要保证有机会获得政府的援助。其次廉租住房与商品住房在居住档次上要保持适度差距。主要是考虑政府使用的廉租住房资金主要来自国民收入的再分配，是对其他阶层创造的物质财富的转移支付，廉租住房的居住水平一般低于平均居住水平。但是20世纪90年代至今，我国住房领域分配公平问题也进一步凸显，其主要原因如下：

一是住房制度的市场化改革加剧了住房配置的不公平。20世纪60年代以后，新自由主义在全球占据主导地位，一些国家在这种思想指导下不再是制定政策保证充分就业和社会福利制度，而是强调经济效率和国际竞争性，强调增强个人在市场中的竞争力。具体到住房领域，就体现为在公共住房私有化之上，市场决定住房供应，政府曾经提供的各种住房福利不断缩小或取消，个人住房需求的满足主要依赖于自己的市场竞争力和承受能力，即以市场途径解决住房问题。在我国，受到新自由主义思想的影响，在20世纪90年代末期，就试图以住房私有化、商品化与社会化来解决城市住房问题。但改革反而加剧了住房领域的分配不公平：一方面，货币化改革的执行是有限的、无力的，甚至仅仅是象征性的（朱亚鹏，2007），大多数城市居民并未得到货币化补贴；另一方面，住房制度被金融资本驱动的市场力和地方利益取代后，商品房成为住房分配货币化改革的产物（Lai On-Kwok，1998），而住房供给结构不合理、房价快速上涨，可承受住房供给减少，不仅是低收入家庭，越来越多的中等收入家庭也被排斥在住房市场之外。在经济转型过程中，市场机制不足以补救旧的住房分配体制带来的种种弊端（Wu F.，1996），对于过去的住房制度中固有的不平等几乎没有什么改进（Lee J.，2000），住房不平等状况变得更加恶化。正如Forrest等指出，当市场供给占主导及房价快速上升时，住房不公平被进一步强化了（Fitzgerald E. and Winston N.，2005）。

二是住房制度的社会排斥引发住房配置的不公平。自20世纪80年代以来，我国在住房制度领域实行了几项大的改革，如推行住房公积金、建设经济适用房或安居工程、实施住房货币化补贴以及廉租房制度等。但这些制度不但没有体现住房分配公平的原则，反而体现的是社会结构本身的排斥性，住房的机会并没有向所有人开放，而是偏向于较少部分人群，具有封闭性（李斌，2002）。具体而言，上述住房制度改革主要是面向公务员及公共机构的职工，并且由政府财政负担，改革也较快，公共机构的职工住房公积金高，还得到一定数额的货币补贴，因而他们是住房制度改革的受益群体。但在企业层面，仅有一些经济效益好的国有企业执行得比较好，如石油、金融、保险、能源等，大部分企业特别是一些制造业企业因在市场经济中表现欠佳，根本无力提供住房补贴，它们的职工需要以市场价格购买住房，没有在住房制度改革中受益。很显然，大多数低收入群体被明显地排斥在住房改革政策之外。

三是尽管我国保障性住房建设已取得了一定的发展，但由于相关立法不完善、住房保障对象界定不科学、住房保障对象界定主体与界定客体之间信息不对称和监督与退出机制不完善，导致我国住房保障对象界定范围过窄、住房保障对象界定的某些标准不合理等一系列问题，这导致保障性住房资源也分配不公平，"开着宝马车者住保障房，而真正需要住房保障者反而住不到保障性住房"等不良社会现象不乏其例。

2.3.3 社会福利理论

自福利的概念提出以来，出现了功利主义效用福利理论、客观主义福利理论、阿马蒂亚·森的功能与能力福利理论等多个福利理论，对福利的界定和测度尚存在颇多争议，没有形成统一标准，正因如此，如何准确地衡量居住福利是当前研究的一个难点。主观主义效用福利理论把效用作为测量和评价福利的工具或指标，效用是一个主观概念，一般是指个人需求与欲望的满足程度。效用水平越高，意味着个人的需求与欲望得到满足的程度越高。对于如何界定效用，功利主义效用福利理论给出了三种不同的定义：第一种定义是把效用等同于幸福或快乐，代表人物有英国经济学家杰里米·边沁（Jeremy Bentham）等；第二种定义认为效用就是欲望的满足，代表人物有弗兰克·拉姆齐（Frank Plumpton Ramsey）等；第三种定义是把效用看作选择行为的最大化，这种观点认为，个人的选择行为基于个人的偏好，而对个人偏好的分析需要借助于效用。客观主义福利理论主张从收入、财富、商品、资源等的数量来测量福利水平。一些学者主张用收入、财富或货币额来测量经济福利。例如，约翰·罗尔斯（John Rawls）提出用权利、自由、机会、收入、财富等基本物品来衡量个人的福利，他认为这些基本物品是"每个有理性的人所需要的东西"。有一些学者主张用商品的持有量或消费支出多少来衡量福利，例如美国经济学家欧文·费雪（Irving Fisher）主张用个人的实际消费支出来测量个人的福利。此外，罗纳德·德沃金（Ronald Dworkin）等一些学者主张用个人拥有的资源数量来衡量个人的福利水平状况。

阿马蒂亚·森（Amartya Sen）在已有理论的基础上，提出了可行能力理论。可行能力理论提出用功能、能力与自由等概念来考察人们的福利，该理论认为，个人的福利状况与个人的功能和能力有关。其中，功能是指有价值的行动和状态，比如拥有健康的身体、舒适的住所、良好的人际关系和工作关系以及能够得到适当的休闲和接受良好的教育等，代表一个人已经实现的成就。能力则是人达到各种功能组合的自由，也就是人选择不同的生活方式的自由程度，代表了一个人实现成就的能力。功能与能力之间存在内在关联，功能是基础，反映的是个人已实现的福利水平，能力反映潜在的或可行的福利水平，考察个人的福利状况应首先关注个人已实现的功能活动。同时，阿马蒂亚·森的可行能力理论主张评价福利采用多维福利，既要考虑收入、健康、居住条件、就业稳定性等物质内容，也要考虑个人自由程度、社会公平状态等"非物质"内容。

2.3.4　农民工城市住房相关概念界定

2.3.4.1　居住福利

住房具有经济价值、使用价值和象征价值，经济价值体现在财富与权利方面，使用价值体现在居住生活方面，象征价值体现在社会阶层认同方面（胡书芝、刘桂生，2012）。从经济价值来看，住房是家庭重要的财富标志，住房产权和住房面积、市值等品质已经成为衡量个人或家庭经济能力和成就的重要物质实体。从使用价值来看，住房是人类生存、发展所必需的基本要素，作为居民生活的基本消费资料，能够满足人们最基本的

"居者有其屋"的生存性需要。不同于一般意义上的商品,住房既有一般商品的使用功能,即居住功能,同时还具有很多因居住功能而衍生出的其他功能。住房的居住功能是要满足人们"居者有其屋"最基本的居住需要,提供立足和栖身之所。居住功能所反映的住房问题主要体现在住房质量、住房面积、住房结构、住房成本、水电气等市政服务等方面。住房的衍生功能包括就业、教育、保障、公共服务等,衍生功能反映的住房问题主要体现在交通、教育、医院、购物、娱乐等设施的数量与质量以及享受社会保障、公共服务的难易程度等方面。在住房功能由单一的提供安全庇护向提供起居、休闲和娱乐等功能延伸的情况下,居住的稳定性和居住空间环境对人们社会网络的构建具有重要影响。从房屋象征价值来说,在我国"居者有其屋"传统观念的影响下,住房还是一种符号性、地位性消费活动,是社会地位和身份的重要象征(Frank,1985),住房使人们进入一个比较稳定的社会网络,赋予了驻区内居民广泛的社会意义,形成了比较稳定的生活模式,而这种生活模式又具有社会经济和社会身份地位的符号意义。

为了更全面地反映住房的经济价值、使用价值和象征价值,本书借鉴阿马蒂亚·森的可行能力理论来界定农民工城市居住福利。居住福利指农民工在住房方面获得的成就,即农民工已经处于的某种居住状态,在该状态下住房的经济价值、使用价值和象征价值的实现程度。基于此,结合农民工群体特征,本书把农民工城市居住福利归纳为权益性福利和功能性福利两个方面。其中,权益性居住福利主要反映住房的经济价值及附属在其上的权益、象征价值的实现情况,可以用住房产权、住房面积、住房价格、住房地段等指标来衡量。功能性居住福利主要反映住房的居住功能及出行、购物、教育等其他衍生功能的实现情况,可以用住房质量、住房环境、住房配套设施以及出行、购物、上学便利性等指标来衡量。

2.3.4.2 保障性住房

保障性住房是为了解决中低收入阶层居民的居住问题,由政府直接投资建造并向低收入家庭提供,或者是政府以一定方式向社会房屋建设机构提供补助,由建房机构建设并以低于市场平均水平的价格向中低收入家庭出售或出租的住房。保障性住房通常根据国家政策以及法律法规的规定,由政府统一规划、统筹，提供给特定的人群使用，并且对该类住房的建造标准和销售价格或租金标准给予限定，起一定的社会保障作用。从住房市场角度看，保障性住房是住房市场特殊的子市场，是政府、企业和非营利组织出资建设面向中低收入家庭提供的特殊住房，其与普通商品房最大的区别是保障性住房居住成本远远低于市场价格水平。从社会保障角度看，保障性住房承担社会保障职能，强调的是保障中低收入家庭的居住权，是一种在住房领域的特殊保障形式。就其外延来说，保障性住房主要包括以下几种基本形式：①经济适用房。经济适用房是政府以划拨方式提供土地，免收城市基础设施配套费等各种行政事业性收费和政府性基金，实行税收优惠政策，以政府指导价出售给有一定支付能力的低收入住房困难家庭。这类低收入家庭有一定的支付能力或者有预期的支付能力，购房人拥有有限产权。经济适用房是具有社会保障性质的商品住宅，具有经济性和适用性的双重特点。经济性是指住宅价格相对于市场价格比较适中，能够适应中低收入家庭的承受能力；适用性是指在住房设计及其建筑标准上强调住房的使用效果，而非建筑标准。②廉租房。廉租房是政府或机构拥有，用政府核定的低租金租赁给低收入家庭。低收入家庭对廉租住房没有产权，是非产权的保障性住房。廉租房只租不售，出租给城镇居民中最低收入者。③公共租赁房。公共租赁房是对廉租房的进一步发展，由政府或公有机构所有，以低于市场价或者是符合条件的对象能够承担的价格，向那些既买不起商品性住房又不符合获得经济适用房要求的群体提供的租赁性住房。公共租赁房作为经济适用房和廉租房等保障性住房的补充形式，所供给的对象更加广泛，同时也能弥补我国保障性住房体系中的不足，扩大保障范围。公共租赁住房建设由政府出资，且只能用于承租人自住，租住的家庭或个人不得出借、转租或闲置，也不得用于经营活动。④定向安置房。定向安置房是政府进行城市道路建设和其他公共设施建设项目时，对被拆迁住户进行安置所建的房屋。安置的对象是城市居民被拆迁户，也包括征地拆迁房屋的农户。

　　根据保障性住房的含义和公共产品理论，可以判定保障性住房是一种准公共产品。主要理由有三：首先，保障性住房是为了满足那些无法通过市场解决居住问题的弱势群体的住房需求，具有公共福利性质，正如恩格斯在《论住宅问题》中所说，解决没有房子住或住得很拥挤的住宅问题，是"具有公共福利形式的措施"。因此，保障性住房具有提高弱势群体福利水平、实现社会公平和国家长治久安的"外部社会收益"，显然，保障性住房符合中国特色公共产品理论对公共产品特征的要求。而且，从世界各国的住房保障实践来看，保障性住房作为一种福利制度安排，各国政府大都实行了免费或者给予财政支持，而且通过法律给予了保障。从这个角度来看，保障性住房具有鲜明的公共产品属性。

其次，保障性住房具有有限"非竞争性"和有限"非排他性"特征，属于西方公共产品理论中的准公共产品范畴。一方面，在一定的消费容量下，单个家庭对保障性住房的消费不会影响其他家庭的消费，而且，保障性住房的准入退出制度使得某套保障性住房的使用权不能永久地为某户家庭所占有，这体现了保障性住房的非竞争性特征。但是，当满足保障性住房申请条件的人员超过一定规模后对保障性住房的消费会产生拥挤效应，而且，从静态来看，某户家庭享受了某套保障性住房，在一定时空条件下其他家庭就不可能再享受。因此，保障性住房并非完全具有"非竞争性"。另一方面，保障性住房是为中低收入住房困难家庭而建，因此，保障性住房对于满足申请条件的居民来说是非排他的，但对未满足申请条件的居民来说则是排他的。可见，保障性住房具有局部的排他性，属于有限"非排他性"。

最后，保障性住房作为一项针对特定群体的社会福利，具有排他性、非竞争性和外部溢出效应，因而具有准公共产品性质。排他性一方面表现为排斥住房保障对象以外的群体分享其住房消费，另一方面在保障对象群体内部，当政府实物配租数量有限时存在获取优先租住权的竞争。非竞争性则表现在对以上排他性矛盾不能用价格竞争的方式来解决，否则会导致房租价格上涨，抵消福利效应，使部分低收入家庭遭受福利损失，失去住房福利保障的效率和公平的意义（刘颖，2004）。外部溢出效应是指保障性住房产品会惠及整个社会。因为中低收入群体的住房保障涉及调节收入分配、缓和社会矛盾及构建和谐社会等重大社会政治经济问题，其保障性程度直接关系到社会稳定与和谐发展的程度。

3

农民工城市融入指标体系构建与现状分析

3 农民工城市融入指标体系构建与现状分析

3.1 农民工城市融入指标体系构建与测度方法

社会行动理论（Theory of Social Action）认为社会行动是构成各种社会关系和社会现象最基本的要素，它是由外界环境与行动者主观能动性共同作用的动态过程。城市融入是流动人口与城市各主体以及各系统之间持续性互动的过程，而社会互动又是由社会行动组成，因此，城市融入的本质是社会行动，是一个与他人相关的动态行为过程（陈成文、孙嘉悦，2012）。根据社会行动理论，社会行动具有交互性和反思性特征，交互性是人们在交往行为中一种信息、知识和情感之间的互动关系，是社会融入的主体能否融入社会的重要内容。反思性是指在进行行动时，行动者不仅有其行动的理由和动机，而且还能对自己的行动及所处情境的社会和物理特性进行反思性监控，以此来调整自己的行为模式来适应社会。主体如果能够在与周围环境的持续互动中维持自身的发展，获得自我认同和社会认同，并最终获得成就感、自信和尊严，则认为该主体真正实现了社会融入（陈成文、孙嘉悦，2012）。可见，社会融入不只是行为互动，还包括心理层面的互动，社会融入实质上是一个主体主观意识和行为互动交互作用的过程，两者都是社会融入的内容，是社会融入的两种不同的表现形式。

基于社会行动理论，结合国内外已有学者的研究成果，本章从主观意识和客观行为两个层面把农民工城市融入界定为心理融入和行为融入两个维度。其中，心理融入是主体主观意识的表征，行为融入是主体客观行为的表征，两者对衡量城市融入具有同质性。

3.1.1 农民工城市融入指标体系构建

3.1.1.1 行为融入

行为因素是指农民工在城市中接触到的社会群体、社会交往、道德规范、风俗习惯等的总和，农民工在城市的行为融入是指农民工对流入地城市行为规范和习俗的认可与遵从以及与城市市民、社会支持网络的基础关系的建立，是农民工城市融入的客观维度。农民工在与当地人交往时会顾及语言、观念、生活习惯和是否会受到由城乡文化冲突引起的歧视等问题,因此,农民工与城市居民的交往频率与满意情况是农民工对城市融入评价的重要部分;农民工参加其定居社区的活动能让其更快地融入城市中,相反,没有参加社区活动的农民工很难有其他机会与当地人进行交流,这会让他们对当地产生一种陌生感,这样是很难融入城市中去的。因此,农民工平时参加社区活动的频率与满意情况也会影响农民工城市融入。最低收入保障、社会福利、法定假期保障等社会保障能够改善农民工在城市的生活状况,从而影响他们的城市融入。

基于以上分析,本章用与本地人交往频率、与本地人交往感受、使用当地语言、参加社区活动频率、参加社区选举意愿和小孩教育六个指标进行衡量。

3.1.1.2 心理融入

心理因素是指农民工在城市生活、工作中对城市及城市中的人、事的感觉、知觉和情绪等。农民工心理融入城市涉及很多方面,包括农民工对自己身份与地位的认同感、对城市生活的公平与歧视的感受、对城市生活的归属感与自信等各方面的评价。满意自己身份的农民工比不满意自己身份的农民工更自信,对城市的认同感更高,因此,对自己身份满意的农民工比不满意的农民工城市定居的融入水平更高。在城市生活的压力情况方面,农民工在城市生活时常感到无助与压力,可想而知其对该城市的认可度是不高的,在该城市的定居意愿会很低。农民工对政府政策的评价越高,间接反映了其在城市的待遇与处境越好,从而,在城市定居的意愿相应也会很高。例如,徐莺(2011)认为,如果到城市务工只是纯经济动因,那么就会存在明显的"过客"心理,限制对城市的认同感和归属感,从而更难融入城市。王桂新和陈冠春(2010)通过实证分析发现,农民工对自己工作的满意度越高,农民工市民化的意愿就越强烈,从而就能更容易融入城市。

基于以上分析,本章用城市身份认同、城市生活歧视、城市地位、公平待遇、城市生活自信和城市归属感六个指标进行衡量。

在此基础上,根据问卷对每个指标进行赋值,如表3.1所示。

3 农民工城市融入指标体系构建与现状分析

表 3.1 城市融入指标体系与赋值

分类	指标	赋值	符号
行为融入	我与城市本地人交往很频繁	非常不同意＝1；不同意＝2；一般＝3；同意＝4；非常同意＝5	x_1^1
	我与城市本地人交往很融洽	非常不同意＝1；不同意＝2；一般＝3；同意＝4；非常同意＝5	x_2^1
	我能够用当地语言进行交流	非常不同意＝1；不同意＝2；一般＝3；同意＝4；非常同意＝5	x_3^1
	我经常参加当地的社区活动	非常不同意＝1；不同意＝2；一般＝3；同意＝4；非常同意＝5	x_4^1
	我愿意参加单位或者社区的选举活动	非常不同意＝1；不同意＝2；一般＝3；同意＝4；非常同意＝5	x_5^1
	我已经或打算让小孩在城里上学	非常不同意＝1；不同意＝2；一般＝3；同意＝4；非常同意＝5	x_6^1
心理融入	我对自己现在在城市的身份很满意	非常不同意＝1；不同意＝2；一般＝3；同意＝4；非常同意＝5	x_1^2
	与城市本地人的交往不会受到歧视	非常不同意＝1；不同意＝2；一般＝3；同意＝4；非常同意＝5	x_2^2
	我觉得自己与当地人的地位相同	非常不同意＝1；不同意＝2；一般＝3；同意＝4；非常同意＝5	x_3^2
	我在城里生活受到了公平待遇	非常不同意＝1；不同意＝2；一般＝3；同意＝4；非常同意＝5	x_4^2
	我在城市的生活很自信	非常不同意＝1；不同意＝2；一般＝3；同意＝4；非常同意＝5	x_5^2
	我在城市生活有归属感	非常不同意＝1；不同意＝2；一般＝3；同意＝4；非常同意＝5	x_6^2

3.1.2 农民工城市融入测度方法

考虑到农民工城市融入的多层次特点，采用多层次综合评价方法测度农民工城市融入水平。先对经济融入、社会融入和心理融入三类因素分别进行综合测算，设 x_{ij} 在自己所属分类中的权重为 a_{ij}，则第 k 类因素的农民工城市融入可表示为 $integration_{ik} = \sum u(x_{ij})a_{ij}$。继续假定第 k 类因素在整体因素中的权重为 w_k，按同样的方法可测算出第 i 个样本的农民工城市融入总得分为 $integration_i = \sum w_k integration_{ik}$。模糊综合评价方法中确定权重的方法很多，本节采用熵值法计算各指标的权重，具体步骤如下：

（1）标准化处理。为保证标准化后的数据处在 0~1，本章采用 max-min 法对指标 x_{ij} 进行标准化处理，同时，为了让标准化后的数据不为 0，对标准化处理后的数据进行一个极小值平移，标准化值 $u(x_{ij})$ 表达式如下所示：

$$u(x_{ij}) = \begin{cases} \dfrac{x_{ij}-\min(x_{ij})}{\max(x_{ij})-\min(x_{ij})}+0.0001 \quad positive\ correlation \\ \dfrac{\max(x_{ij})-x_{ij}}{\max(x_{ij})-\min(x_{ij})}+0.0001 \quad negative\ correlation \end{cases} \quad (3.1)$$

正相关的指标采用第一个公式，负相关的指标采用第二个公式，具体到本章，所有指标均采用第一个公式。

（2）计算指标比重。第 j 项指标下第 i 个样本占该指标比重的计算公式为：$a_{ij} = u(x_{ij}) / \sum_{i=1}^{k} u(x_{ij})$，式中，$a_{ij}$ 是指第 j 项指标下第 i 个样本占该指标的比重。

（3）计算指标的信息熵。第 j 项指标的信息熵计算公式为：$e_j = \dfrac{1}{lnk}\sum_{i=1}^{k} a_{ij} \cdot lna_{ij}$，式中，$e_j$ 是第 j 项指标的信息熵，$0<e_j<1$，k 是样本的数量。

（4）计算信息的冗余度。第 j 项指标的冗余度计算公式为：$d_j = 1-e_j$，式中，d_j 是第 j 项指标的冗余度。d_j 越大，表示第 j 项指标越重要。

（5）计算指标权重。第 j 项指标权重的计算公式为：$w_j = d_j / \sum_{j=1}^{m} d_j$，式中，$w_j$ 是第 j 项指标的权重，代表第 j 项指标对系统的贡献度。

3.2 我国农民工城市融入整体现状

3.2.1 我国农民工城市心理融入概况

如前文所述，心理因素是指农民工在城市生活、工作中对城市及城市中的人、事的感觉、知觉和情绪等。《2017年农民工监测调查报告》显示，进城农民工中，38%认为自己是所居住城市的"本地人"，比上年提高2.4个百分点。从进城农民工对本地生活的适应情况看，表示对本地生活非常适应的农民工占比为18.4%，比较适应的占62%，一般的占18.3%，不太适应和非常不适应的占1.3%。分城市类型看，农民工城市心理融入与城市规模呈负相关关系，城市规模越大，农民工对所在城市的归属感越弱，对城市生活的适应难度越大。在对城市生活满意度的评价方面，在进城农民工中，对目前生活状况表示非常满意的占8.5%，比较满意的占47.6%，表示一般的占36.8%，表示不太满意和非常不满意的占7.1%，农民工对在城市生活的满意度有所提高，但整体水平还有待提升。2016~2017年我国农民工城市心理融入统计如表3.2所示。

表3.2 2016~2017年我国农民工城市心理融入统计

单位：%

分类	认为自己是本地人的农民工比例		对本地生活非常适应的农民工占比	
	2016年	2017年	2016年	2017年
500万人以上城市	15.3	18.7	12.1	14.3
300万~500万人城市	23.9	25.3	14.6	17.5
100万~300万人城市	39.2	43.1	16.1	19.7
50万~100万人城市	46.7	48.7	18.1	20.1
50万人以下城市和建制镇	63.0	63.2	21.0	23.0
全国人均居住面积	35.6	38.0	16.0	18.4

资料来源：《2017年农民工监测调查报告》。

3.2.2 我国农民工城市行为融入概况

农民工在城市的行为融入是指农民工对流入地城市行为规范和习俗的认可与遵从以及与城市居民的互动情况。《2017年农民工监测调查报告》显示，在城市生活中，除家人外，进城农民工业余时间人际交往中，老乡占34.7%，当地朋友占24.6%，同事占22.6%，其他外来务工人员占3.5%，基本不和他人来往占12.7%。可见，进城农民工的社会活动比较单一，在城市的人际交往主要还是基于血缘、地缘的社会关系网络。在业余时间安排方面，主要是看电视、上网和休息，分别占40.7%、35.6%和28.4%。选择参加文娱体育活动、读书看报、参加学习培训的比重分别为5.3%、3.6%、1.9%。

在参与社区活动方面，《2018年农民工监测调查报告》显示，在进城农民工中，26.5%参加过所在社区组织的活动，其中，3.5%经常参加，23.0%表示偶尔参加。15.3%参加过人大代表选举，加入工会组织的进城农民工占已就业进城农民工的比重为9.8%。在已加入工会的农民工中，经常参加工会活动的占26.0%，偶尔参加的占56.3%。

在工作和生活中遇到困难需要寻求帮助时，60.9%的进城农民工想到的是找家人、亲戚帮忙，找老乡的占28.3%，找本地朋友的占24.6%，找单位领导或同事的占10.7%，找工会、妇联和政府部门的占7.8%，找社区的占2.6%。其中找工会、妇联和政府部门以及找社区的农民工比重分别比上年提高1.0个和0.3个百分点。当权益受损时，进城农民工选择解决途径依次是：与对方协商解决占36.3%，向政府相关部门反映占32.7%，通过法律途径解决占28.3%，进城农民工依靠政府和法律维权的意识都有所增强（见表3.3）。

表3.3　2016~2017年我国进城农民工权益受损时的解决途径统计

单位：%

解决途径	2016年	2017年
工会	3.5	2.8
向政府相关部分反映	30.1	32.7
与对方协商解决	36.8	36.3
法律途径	27.2	28.3
媒体曝光	1.8	1.4
上网求助	1.2	1.6
找亲戚或同事帮忙	21.6	21.2
自己忍受	6.2	4.7
其他	8.6	8.5

资料来源：《2017年农民工监测调查报告》。

3.3 农民工城市融入水平测度

3.3.1 农民工城市融入调查说明

为了解农民工城市融入与住房状况，课题组于 2017 年 12 月至 2018 年 4 月在湖南、浙江、贵州、重庆等地进行了实地问卷调查。在数据的获取方式上按照随机抽样原则，在东部、西部、中部分别选择 1 个代表省份，每个省份选择省会城市以及 1 个地级市、1 个县城或县级市、1 个建制镇作为调查地点，在每个城市的商业区发放 50 份调查问卷，直辖市选取重庆作为调查对象，发放问卷 150 份，总共获得问卷 782 份，其中，有效问卷 739 份，其中，小城镇 151 份、县城与县级市 144 份，地级市 147 份，省会城市 169 份，直辖市 128 份。

3.3.2 农民工城市融入统计描述

3.3.2.1 权重测算结果分析

利用熵值法测算农民工城市融入各系统与指标权重如表 3.4 所示，从系统来看，行为融入与心理融入的权重相差不大，分别为 49.01%、50.99%。从各系统的评价指标的权重值来看，在行为融入系统中，小孩教育的权重最大，为 25.34%，表示小孩教育对农民工社会融入的贡献率最大，说明小孩能在城市接受教育是农民工城市融入的重要部分。其次是参加社区活动频率和参加社区选举意愿，分别为 18.76% 和 16.78%，说明社区活动和社区权利的行使是农民工行为融入的重要表征，其他三个评价指标的贡献程度差异不大，而且都在 10% 以上，说明这些指标都是农民工社会融入的重要部分。在心理融入系统中，城市地位和城市身份认同的权重值最大，分别为 23.57% 和 20.05%，说明农民工对自己城市身份和城市地位的评价对心理融入的贡献最大。其次是公平待遇，对心理融入的贡献率为 18.18%，说明是否能够得到公平待遇也是衡量农民工心理融入的重要指标。其他三个评价指标的贡献率都在 10% 以上，说明这些指标也都是农民工心理融入的重要部分。

表 3.4　农民工城市融入评价指标权重分析

系统	衡量指标	指标符号	信息熵	冗余度	权重
行为融入（0.4901）	与本地人交往频率	x_1^1	0.9934	0.0066	0.1266
	与本地人交往感受	x_2^1	0.9942	0.0058	0.1098
	使用当地语言	x_3^1	0.9919	0.0081	0.1549
	参加社区活动频率	x_4^1	0.9902	0.0098	0.1876
	参加社区选举意愿	x_5^1	0.9912	0.0088	0.1678
	小孩教育	x_6^1	0.9867	0.0133	0.2534
心理融入（0.5099）	城市身份认同	x_1^2	0.9901	0.0099	0.2005
	城市生活歧视	x_2^2	0.9942	0.0058	0.1171
	城市地位	x_3^2	0.9884	0.0116	0.2357
	公平待遇	x_4^2	0.9910	0.0090	0.1818
	城市生活自信	x_5^2	0.9937	0.0063	0.1268
	城市归属感	x_6^2	0.9932	0.0068	0.1381

3.3.2.2　农民工城市融入测算结果分析

运用农民工城市融入各指标标准化值和权重，基于全国调查数据，综合测算农民工城市融入水平。农民工城市融入总值为2.9563（见表3.5），分因子来看，农民工心理融入的水平最高，融入值为3.0097，行为融入水平为2.9008。分城市行政级别来看，城市行政级别与农民工城市融入呈现倒"U"形关系，行政级别高的直辖市和行政级别低的小城镇的农民工城市融入比较低，农民工在省会城市的融入水平最高，其次是地级市，而且与省会城市整体相差不大。结合城市融入各因子来看，在行为融入方面，农民工在省会城市的融入水平最高，在小城镇的融入水平最低；在心理融入方面，农民工在省会城市的融入水平最高，其次是地级市，融入水平都在3以上，而在直辖市的融入水平最低。

3 农民工城市融入指标体系构建与现状分析

表 3.5 农民工城市融入水平统计

		行为融入水平	心理融入水平	城市融入总值
城市类型	直辖市	2.8875	2.8629	2.8750
	省会城市	3.1207	3.2391	3.1811
	地级市	2.9054	3.0466	2.9774
	县级市/县城	2.8156	2.9427	2.8804
	小城镇	2.7723	2.9711	2.8737
	均值	2.9008	3.0097	2.9563

4

农民工城市住房现状分析

4 农民工城市住房现状分析

4.1 我国农民工城市住房整体现状

4.1.1 我国农民工城市住房类型概况

本章所指农民工住房是指进城农民工在城市的住房,不单指农民工在城市拥有产权的住房,而是笼统指农民工在城市的各种住房形态,包括产权房、租房、集体宿舍、政策性住房等多样化的居住形式。从住房类型上来看,目前我国进城农民工在城市的住房类型主要包括自购房、租赁房、单位或雇主供房、亲戚朋友供房、回农村家里居住等形式,其中自购房又包括自购商品房和自购政策性住房,租赁房也包括市场租赁房和公共租赁房、廉租房等政策性租赁房,单位或雇主供房包括集体宿舍、厂房、工棚等形式。回农村家里居住主要是指那些家在城郊附近的农民工。《2015~2018 年农民工监测调查报告》显示,当前我国进城农民工的城市住房首先以租房为主,占比超过 60%,其次是自购商品房和单位或雇主供房,且自购商品房比例整体呈上升趋势,单位或雇主供房呈逐年下降的趋势。农民工自身较低的购买力难以购买或租赁满足其在城市定居所需要的住房,同时,由于城乡二元结构的影响,城市住房保障惠及农民工有限,农民工很少能享受到城市的住房保障政策,购买或租赁保障性住房的比例不足 3%。2015~2018 年我国农民工城市住房类型如表 4.1 所示。

表 4.1 2015~2018 年我国农民工城市住房类型统计

住房类型	2015 年	2016 年	2017 年	2018 年
自购商品房	15.7	16.5	17.4	17.4
租赁房	64.8	62.4	61.0	61.3
单位或雇主供房	14.1	13.4	13.3	12.9
享受保障性住房	—	—	2.7	2.9

资料来源:《2015~2018 年农民工监测调查报告》。

4.1.2 我国农民工城市住房条件概况

从居住面积上来看,2018 年,我国进城农民工人均居住面积为 20.2

平方米，比上年增加 0.4 平方米；人均居住面积在 5 平方米及以下的农民工占 4.4%，比上年下降 0.2 个百分点。从不同规模城市来看，农民工人均居住面积与城市规模呈负相关关系，城市规模越高，农民工人均居住面积越小。其中，500 万人以上城市中，人均居住面积为 15.9 平方米；50 万人以下城市中，人均居住面积为 23.7 平方米。2017~2018 年我国农民工城市居住面积统计如表 4.2 所示。

表 4.2 2017~2018 年我国农民工城市居住面积统计 单位：平方米

分类	2017 年	2018 年
500 万人以上城市	15.7	15.9
300 万~500 万人城市	19.3	19.4
100 万~300 万人城市	20.7	20.8
50 万~100 万人城市	20.7	21.2
50 万人以下城市	23.3	23.7
全国人均居住面积	19.8	20.2

资料来源：《2017~2018 年农民工监测调查报告》。

从居住设施上来看，《2018 年农民工监测调查报告》显示，在进城农民工住房中，有洗澡设施的占 82.1%，比上年提高 1.9 个百分点；使用净化处理自来水的占 87.7%，比上年提高 0.7 个百分点；独用厕所的占 71.9%，比上年提高 0.5 个百分点；能上网的占 92.1%，比上年提高 2.5 个百分点；拥有电冰箱、洗衣机、汽车（包括经营用车）的比重分别为 63.7%、63.0% 和 24.8%，分别比上年提高 3.6 个、4.6 个和 3.5 个百分点。

4.2 农民工城市住房现状分析

4.2.1 调查数据说明

本节调查数据同 3.3.1。

4.2.2 农民工城市住房条件概况

4.2.2.1 农民工城市住房类型

在我们调查的农民工中,大多数的住房首先为私人出租房,占所有住房形式的41%,政府廉租房占2.84%;其次是用工企业提供的住房,占所有住房形式的25.44%,其中,集体宿舍占21.38%,工作场所(临时搭建)占4.06%;再次是农民工自己购买住房的比例为20.70%,其中,自己购买商品房、自己购买政策性住房的农民工分别占12.45%、8.25%;最后是借住住房的比例为10.02%,其中借住在父母或子女家、亲戚或朋友家的农民工分别占7.31%、2.71%(见表4.3)。进一步分析可知,农民工城市住房形式与其所在城市行政级别相关,其中,农民工自购商品房比重与城市行政级别负相关,农民工自购商品房主要集中在县级市和县城、小城镇等行政级别较低的城市,而自购政策性住房比例在直辖市和省会城市的相对较高。

表4.3 农民工城市住房形式与城市行政级别统计

分类	直辖市	省会城市	地级市	县级市/县城	小城镇	总计	百分比(%)
自购商品房	9	10	16	25	32	92	12.45
自购政策性住房	18	13	6	8	16	61	8.25
父母或子女家	12	7	5	17	13	54	7.31
亲戚或朋友家	1	1	3	4	11	20	2.71
私人出租房	46	83	70	60	44	303	41.00
政府廉租房	0	5	6	5	5	21	2.84
集体宿舍	35	48	30	22	23	158	21.38
工作场所	7	2	11	3	7	30	4.06

4.2.2.2 农民工城市居住面积与居住人数

在我们调查的农民工中,住房面积呈倒"U"形结构,一半以上的住房集中在30平方米以上和90平方米以下的中间区域,其中,31~60平方米的住房占所有住房的 25.98%，61~90 平方米的住房占 24.22%。30 平方米以下和 120 平方米以上的比例相对较少，分别为 18.95% 和 10.28%（见表 4.4）。

表 4.4　农民工城市住房面积统计

住房面积	人数	百分比（%）
30 平方米以下	140	18.95
31~60 平方米	192	25.98
61~90 平方米	179	24.22
91~120 平方米	152	20.57
120 平方米以上	76	10.28

在我们调查的农民工中，住房居住人数绝大多数集中在 2~5 个，占所有农民工的 72.67%；其次是单人居住、6~10 个，分别占所有农民工的 13.8%、12.04%；10 个以上的比例相对较少，只有 1.49%（见表 4.5）。

表 4.5　农民工城市住房人数统计

住房人数	人数	百分比（%）
1 个	102	13.8
2~5 个	537	72.67
6~10 个	89	12.04
10 个以上	11	1.49

4.2.2.3　农民工城市住房位置与变动频率

在我们调查的农民工中，大部分居住在城市中心外围，其中，居住在远离城市中心的比例最大，占所有农民工的 31.81%；其次是靠近城市中心，占所有农民工的 26.65%；居住在郊区的比例也超过了 20%；居住在城市中心的人数最少，占所有农民工的 19.35%（见表 4.6）。

4 农民工城市住房现状分析

表 4.6 农民工城市住房位置统计

住房形式	人数	百分比（%）
城市中心	143	19.35
靠近城市中心	197	26.65
远离城市中心	235	31.81
郊区	164	22.19

通过对调查数据的整理，发现绝大多数农民工在一年内没有更换住房，占比达到 78.21%，有 3 次及以上更换住房的农民工只有 3.25%，说明农民工城市住房的稳定性相对较好（见表 4.7）。

表 4.7 农民工城市住房变动频率统计

住房形式	人数	百分比（%）
没有更换	578	78.21
更换 1 次	95	12.86
更换 2 次	42	5.68
更换 3 次及以上	24	3.25

调查结果表明，在外租房或在单位宿舍居住是农民工解决住房问题的主要方式。对农民工而言，依靠自购房或自建房解决住房问题并不现实。虽然近年来城市保障房政策的覆盖面持续扩大，但农民工城市住房状况并未得到根本改观。此外，农民工住房变动频率不高，但是居住条件较差，住房位置大多远离市中心，空间隔离现象严重。

4.2.3 农民工城市居住满意度分析

4.2.3.1 农民工城市居住满意度指标体系构建

满意度是个人对产品或服务的事前期望与实际使用后所得到实际感受的相对关系，从融入城市的角度而言，农民工对城市住房的主观满意程度更能反映农民工与城市居民在居住方面的距离。基于住房功能的多样性和农民工住房的特殊性，单独从某一维度或某一因素进行评价有失完整，应对其进行综合测评。本节在已有研究的基础上，运用因子分析、隶属度函数（Membership Function）和多层次综合评价方法对农民工城市居住满意度进行测算。

本节从购物与乘车状况、娱乐休闲、小孩上学、环境卫生与治安、房屋质量、房屋结构、社区服务、住房保障八个方面，分别采用主观评价的方式来构建农民工城市居住满意度评价体系。采用因子分析法对农民工城市居住满意度的变量进行评估，找出少数几个因子代替原来的八个变量。本节以确定因子的固定数量3为抽取标准，并采用最大方差法旋转，结果显示问卷的总体KMO值为88.6%，并通过了Bartlett's球形度检验（P<0.000），三个因子的累计方差贡献率为77.14%。第一个因子包含了环境卫生与治安、房屋质量、房屋结构三个因素，这三个因素反映的是住房的基础功能。第二个因子包含了购物与乘车状况、娱乐休闲、小孩上学三个变量，购物、教育、娱乐休闲都属于基础配套设施，反映的是依附在居住功能上的附加功能。第三个因子包含了社区服务、住房保障两个变量，反映的是政府对住房的服务与保障。因此，通过因子分析，把反映农民工居住满意度的八个指标提炼为基础功能、附加功能和政府保障三个因子（见表4.8和表4.9）。

表4.8 因子载荷

指标	成分		
	1	2	3
我所居住的地方环境卫生、治安很好	0.631		
我所居住住房的房屋质量很好	0.882		
我所居住住房的房屋结构很好	0.835		
我所居住的地方购物、乘车很方便		0.836	
我所居住的地方娱乐休闲很方便		0.820	
我所居住的地方小孩上学很便利		0.684	
我所居住的地方社区服务很到位			0.684
我享受到了政府提供的住房保障			0.893

表 4.9 农民工居住满意度统计性描述

因子	测量指标	赋值	均值	标准差
基础功能	环境卫生与治安满意	非常不满意=1；不满意=2；一般=3；满意=4；非常满意=5	3.08	0.779
基础功能	房屋质量满意	非常不满意=1；不满意=2；一般=3；满意=4；非常满意=5	2.99	0.783
基础功能	房屋结构满意	非常不满意=1；不满意=2；一般=3；满意=4；非常满意=5	2.96	0.793
附加功能	购物与乘车满意	非常不满意=1；不满意=2；一般=3；满意=4；非常满意=5	3.09	0.776
附加功能	娱乐休闲满意	非常不满意=1；不满意=2；一般=3；满意=4；非常满意=5	3.05	0.800
附加功能	小孩上学满意	非常不满意=1；不满意=2；一般=3；满意=4；非常满意=5	3.09	0.837
政府保障	社区服务满意	非常不满意=1；不满意=2；一般=3；满意=4；非常满意=5	2.91	0.833
政府保障	住房保障满意	非常不满意=1；不满意=2；一般=3；满意=4；非常满意=5	2.73	0.980

4.2.3.2 农民工城市居住满意度测算方法

考虑到农民工城市居住满意度的多层次特点，采用多层次综合评价方法构建农民工城市居住满意度综合评价体系。先对基础功能、附加功能和政府保障三类因子分别进行综合测算，设 x_{ij} 在自己所属分类中的权重为 a_{ij}，则第 k 类因素的农民工城市居住满意度可表示为 $sat_{ik} = \sum u(x_{ij}) a_{ij}$。继续假定第 k 类因素在整体因素中的权重为 w_k，按同样的方法可测算出第 i 个样本的农民工城市居住满意度总得分为 $sat_i = \sum w_k sat_{ik}$。模糊综合评价方法中确定权重的方法很多，本节采用熵值法计算各指标的权重，具体步骤如下：

（1）标准化处理。为保证标准化后的数据处在 0~1，本节采用 max-min 法对指标 x_{ij} 进行标准化处理，同时，为了让标准化后的数据不为 0，对标准化处理后的数据进行一个极小值平移，标准化值 $u(x_{ij})$ 表达式如下所示：

$$u(x_{ij}) = \begin{cases} \dfrac{x_{ij} - \min(x_{ij})}{\max(x_{ij}) - \min(x_{ij})} + 0.0001 & positive\ correlation \\ \dfrac{\max(x_{ij}) - x_{ij}}{\max(x_{ij}) - \min(x_{ij})} + 0.0001 & negative\ correlation \end{cases} \quad (4.1)$$

正相关的指标采用第一个公式，负相关的指标采用第二个公式，具体到本节，所有指标均采用第一个公式。

（2）计算指标比重。第 j 项指标下第 i 个样本占该指标比重的计算公式为：$a_{ij} = u(x_{ij}) / \sum_{i=1}^{k} u(x_{ij})$，式中，$a_{ij}$ 是指第 j 项指标下第 i 个样本占该指标的比重。

（3）计算指标的信息熵。第 j 项指标的信息熵计算公式为：$e_j = \frac{1}{lnk} \sum_{i=1}^{k} a_{ij} \cdot lna_{ij}$，式中，$e_j$ 是第 j 项指标的信息熵，$0<e_j<1$，k 是样本的数量。

（4）计算信息的冗余度。第 j 项指标的冗余度计算公式为：$d_j = 1 - e_j$，式中，d_j 是第 j 项指标的冗余度。d_j 越大，表示第 j 项指标越重要。

（5）计算指标权重。第 j 项指标权重的计算公式为：$w_j = d_j / \sum_{j=1}^{m} d_j$，式中，$w_j$ 是第 j 项指标的权重，代表第 j 项指标对系统的贡献度。

4.2.3.3 农民工城市居住满意度统计描述

（1）权重测算结果分析。利用熵值法测算农民工居住满意度各系统与指标权重如表 4.10 所示，从各评价指标的权重值来看，各评价指标对农民工居住满意度的贡献程度差异较大，其中住房保障的贡献值最大，为 25.06%；其次是社区服务，贡献率为 13.97%，说明政府保障是影响农民工城市居住满意度的核心因素。主要是因为农民工作为城市中的弱势与边缘群体，靠自身条件难以在城市生存与发展，尤其在当前高房价背景下，希望能够得到政府的帮助，享受到与城市居民一样的社区服务和住房保障，因此对政府保障的关注度和期望很高。其他六个指标的贡献率都在 10% 左右，说明这些指标对农民工城市居住满意度都具有显著的影响。分系统来看，基础功能（26.23%）对居住满意度的贡献率略高于附加功能（23.55%）。

表 4.10 农民工城市居住满意度评价指标体系测度

系统	衡量指标	信息熵	冗余度	权重
基础功能（0.2623）	环境卫生与治安满意	0.9875	0.0125	0.0987
	房屋质量满意	0.9863	0.0137	0.1084
	房屋结构满意	0.9872	0.0128	0.1017

续表

系统	衡量指标	信息熵	冗余度	权重
附加功能（0.2355）	购物与乘车满意	0.9881	0.0119	0.0944
	娱乐休闲满意	0.9868	0.0132	0.1045
	小孩上学满意	0.9871	0.0129	0.1020
政府保障（0.5022）	社区服务满意	0.9824	0.0176	0.1397
	住房保障满意	0.9684	0.0316	0.2506

（2）农民工城市居住满意度测算结果分析。运用农民工城市居住满意度各指标标准化值和权重，基于全国调查数据，综合测算农民工城市居住满意度水平。整体而言，农民工城市居住满意度不高，总满意度为47.63%（见表4.11）。分因子来看，农民工对基础功能的评价最高，满意度为51.59%，究其原因，由于农民工的低收入、弱势群体的特征，习惯了以前的居住环境，对城市住房的安全、环境、质量等方面的关注度和期望都不高，因此基础功能因子的满意度相对较高。满意度最低的因子是政府保障，只有44.61%，主要是因为农民工作为城市中的弱势与边缘群体，对政府保障的关注度和期望很高，而现实中受城乡二元制度的影响，农民工未能与城市居民一样享受到社区服务和住房保障，导致政府保障因子满意度较低。附加功能因子的满意度为49.86%，也相对较低，说明农民工城市住房配套的交通、教育、医疗、娱乐等基础设施满足住户需求的能力一般。

表4.11 农民工城市居住满意度统计

		基础功能满意度	附加功能满意度	政府保障满意度	满意度总值
城市类型	直辖市	0.5051	0.5033	0.4852	0.4946
	省会城市	0.5227	0.4848	0.4124	0.4574
	地级市	0.5194	0.5173	0.4611	0.4896
	县级市/县城	0.5369	0.5077	0.4454	0.4833
	小城镇	0.4939	0.4830	0.4366	0.4623
	均值	0.5159	0.4986	0.4461	0.4763

分城市行政级别来看，直辖市、省会城市、地级市、县级市/县城、小城镇的农民工城市居住满意度相差不大，最低和最高相差不足0.04。相对而言，直辖市的农民工城市居住满意度最高，为49.46%，省会城市的最低，为45.74%。结合各因子的满意度来看，直辖市的政府保障因子得分最高，为48.52%，说明直辖市在对农民工的社区服务与住房保障方面做得比其他性质级别的城市要好。基础功能因子、附加功能因子得分最高的分别是县级市/县城、地级市，但是与其他性质级别的得分相差都不大。

4.2.4 农民工城市居住满意度影响因素分析

4.2.4.1 变量选取与模型构建

（1）变量选取。

1）解释变量的选取。关于居住满意度的影响因素，已有研究主要涉及三个方面：一是作为商品属性的一般性因素，具体表现为对住房质量、住房结构合理性、住房成本、水电气等市政服务质量等方面。例如，王效容（2014）研究发现租金标准、厨房卫生间的设置、通风采光等因素对大学毕业生保障房居住满意度具有显著影响。何立华等（2011）的研究也发现住房厨卫设计的合理和实用性以及住房的保温、隔热和隔音状况对居住满意度具有显著影响。二是作为衍生功能的特殊性因素，即以居住功能为中心，与工作、上学、娱乐、医卫等形成一个住房空间，对住房空间使用过程具有影响的因素。具体表现为对出行交通便利性、学校、医院、购物等设施的数量与质量等方面。例如，李广磊（2015）认为教育资源、医疗服务、公共文体资源是影响居住满意度的重要因素。三是个体与家庭特征，包括人力资本、社会资本等，例如，李世龙（2015）研究发现，性别、婚姻状况、是否有子女对新生代农民工住房满意度有显著的正向影响。冯健等（2017）通过对苏州老城区的实证分析，发现家庭经济状况和年龄对居住满意度有影响。此外，对于农民工、低收入人群等特殊人群，政府提供的公共服务也是其居住满意度的重要衡量因素。

在已有研究基础上，结合农民工城市住房的特点，本节从农民工个体特征、住房特征、城市特征三个层面，选取性别、出生年代、受教育程度、婚姻状况、住房形式、住房面积、住房位置、住房人数、周边人群以及城市行政级别、城市距离作为农民工城市住房满意度的解释变量，各变量如表4.12所示。

表4.12 变量统计性描述

变量	观测值	均值	标准差	最小值	最大值
个体特征	739	2.972	1.391	1	5
性别	739	1.38	0.481	1	2
出生年代	739	3.65	1.002	1	5
受教育程度	739	2.705	1.239	1	5
婚姻状况	739	1.77	0.566	1	4
住房特征					
住房形式	739	3.960	2.271	1	8
住房面积	739	2.789	1.252	1	5
住房位置	739	2.370	1.037	1	4
住房人数	739	1.998	0.555	1	4
周边人群	739	1.659	0.812	1	3
城市特征					
城市行政级别	739	2.972	1.391	1	5
城市距离	739	1.69	0.869	1	3
农民工住房满意度	739	0.476	0.166	0	1

2) 被解释变量的选取。本节的被解释变量是农民工城市居住满意度，使用前面利用因子分析和模糊综合评价方法评测出来的农民工城市居住满意度值 sat_i 进行衡量。

（2）模型构建。普通线性回归对数据的要求十分严格，当遇到分类变量时，线性回归无法准确地反映分类变量不同取值的距离，比如婚姻状况、性别等变量，已婚与未婚、男性与女性都是平级的，没有大小、顺序、趋势之分，若直接纳入线性回归模型，则可能会失去自身的意义。最优尺度回归（Optimal Scaling Regression）能够解决该类问题，该方法是在保证变换后各变量之间的联系成为线性的前提下，通过将分类变量不同取值进行量化处理，从而将分类变量转换为数值型进行统计分析。

本节的解释因素都是分类变量，而且存在无序多分类变量，它们之间不存在数量上的高低之分，不可能为其给出一个独立的回归系数估计值来表示解释变量与被解释变量之间的变化关系。因此，基于分析模型中存在多分类变量的特点，本节采用最优尺度回归对农民工城市居住满意度影响因素进行回归分析。最优尺度回归模型如式（4.2）所示。

$$sat_i = \sum \alpha_i p_i + \sum \beta_i h_i + \sum \gamma_i c_i + \varepsilon_i \quad (4.2)$$

式中，sat_i 表示第 i 个农民工的城市居住满意度，p_i、h_i、c_i 是解释变量，其中，p_i 是包括性别、出生年代、受教育程度、婚姻状况在内的个体特征变量，h_i 是包括住房形式、住房面积、住房位置、住房人数和周边人群在内的住房特征变量，c_i 是包括城市行政级别、城市距离在内的城市特征变量，α_i、β_i、γ_i 是各变量的系数，e_i 为误差项。

4.2.4.2 回归分析

（1）回归结果描述。最优尺度回归分析结果显示（见表4.13），模型的 R^2 为0.422，模型拟合效果可接受。方差分析P值小于0.05，表示回归模型整体显著，模型具有统计学意义。容差指数显示，模型中各变量转换后的容差都有所提高，除了出生年代与受教育程度之外都在0.7以上，因此可以认为变量间不存在多重共线性，进一步说明了该拟合方程的有效性。但是并非每个变量都有作用，性别（P=0.206）、出生年代（P=0.498）和城市距离（P=0.297）三个变量没通过显著性检验，表示这三个变量对农民工住房满意度的影响不显著。模型中的受教育程度、婚姻状况、住房形式、住房面积、住房位置、住房人数、周边人群、城市行政级别都通过了统计检验，其中城市行政级别（P=0.071）在10%的显著水平上显著。

表 4.13 最优尺度回归分析结果汇总

	标准系数		F	Sig.	重要性	容差	
	Beta	标准误的 Bootstrap (1000) 估计				转换后	转换前
性别	0.032	0.025	1.583	0.206	0.006	0.957	0.958
出生年代	0.023	0.034	0.461	0.498	-0.002	0.675	0.658
受教育程度	0.100	0.045	4.894	0.001	0.074	0.649	0.644
婚姻状况	0.104	0.036	8.539	0.000	0.038	0.839	0.717
住房形式	0.079	0.030	6.979	0.000	0.060	0.955	0.750
住房面积	0.231	0.043	28.445	0.000	0.347	0.880	0.773
住房位置	-0.203	0.037	29.770	0.000	0.277	0.949	0.935
住房人数	-0.078	0.041	3.690	0.025	0.013	0.933	0.954
周边人群	0.149	0.035	19.629	0.000	0.177	0.927	0.940
城市行政级别	0.059	0.036	2.660	0.071	0.016	0.905	0.889
城市距离	0.036	0.033	1.216	0.297	-0.006	0.908	0.905

注：Standardized Data；$R^2=0.422$；ANOVA：$F=4.053$，$Sig.=0.000$。

重要性指标是根据标准化系数和相关系数计算出各影响变量在模型中的重要程度百分比，数值越大表示该变量对因变量的预测越重要。根据模型计算结果，重要性最大的是住房面积，达到了34.7%，其次是住房位置（27.7%），周边人群的重要性也超过了10%。出生年代与城市距离的重要性值均为负数，性别的重要性接近于0，该结果进一步说明了性别、出生年代和城市距离这三个变量对农民工城市住房满意度的影响不显著。

（2）回归结果解释。

1）住房面积对农民工居住满意度的影响最大。表4.13结果显示，在控制其他变量后，住房面积对农民工城市居住满意度的影响显著为正（0.231），结合住房面积转换图（见图4.1），整体而言，住房面积与农民工城市居住满意度呈正相关关系，住房面积越大，居住满意度也越大。住房面积代表了住房条件，住房面积越大意味着住户居住空间更大，因此居住满意度也越高。

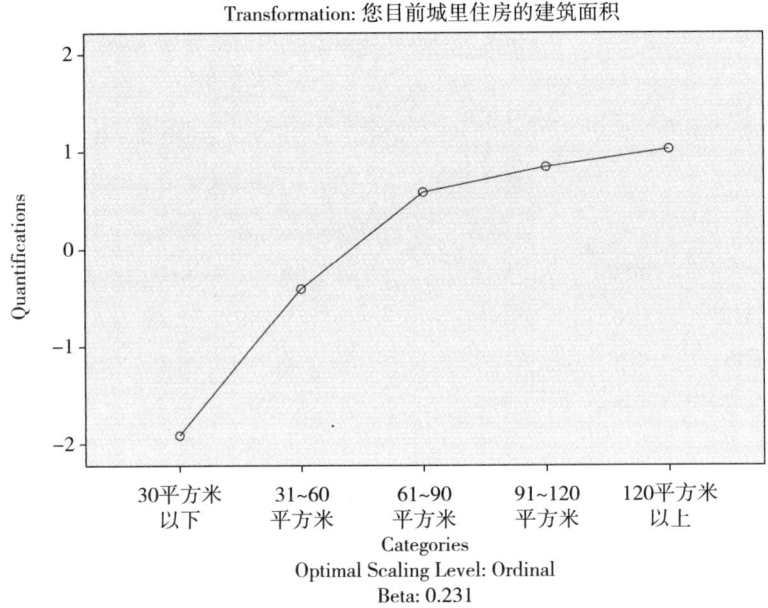

图 4.1　住房面积转换

2）住房位置是农民工居住满意度的重要影响因素。表 4.13 结果显示，在控制其他变量后，住房位置对农民工城市居住满意度的影响显著为负（-0.203），结合住房位置转换图（见图 4.2），整体而言，住房位置与农民工城市居住满意度呈负相关关系，住房离城市中心越近，居住满意度越大。城市中心拥有更好更多的基础设施和公共资源，离城市中心越近，越容易享受到这些设施与资源，能够给出行、购物、教育、休闲娱乐等各方面带来便利，因此居住满意度也会越高。

3）周边人群是农民工居住满意度的重要影响因素。表 4.13 结果显示，在控制其他变量后，住房周边人群构成对农民工城市居住满意度的影响显著为正（0.149），结合周边人群类型转换图（见图 4.3），整体而言，周边人群构成与农民工城市居住满意度呈 V 形关系，周边人群构成以当地人为主的住房满意度最高，其次是当地人与外地人分布均匀，以外来人口为主的住房满意度最低。可能的原因是，以外来人口为主的社区由于人口流动的频率相对较高，而且外来人口由于来自不同地区，生活习俗各异，因此在环境、治安等方面存在一定的不稳定性，导致居住满意度较低。

4　农民工城市住房现状分析

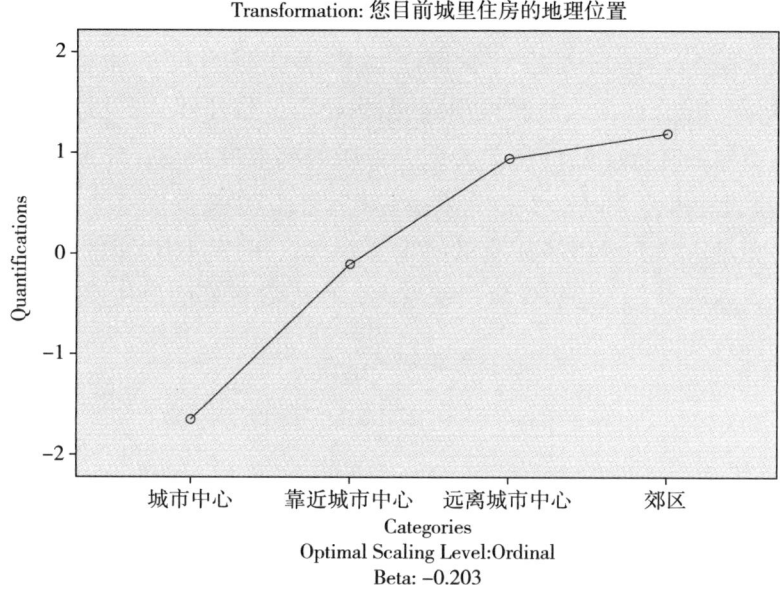

图 4.2　住房位置转换

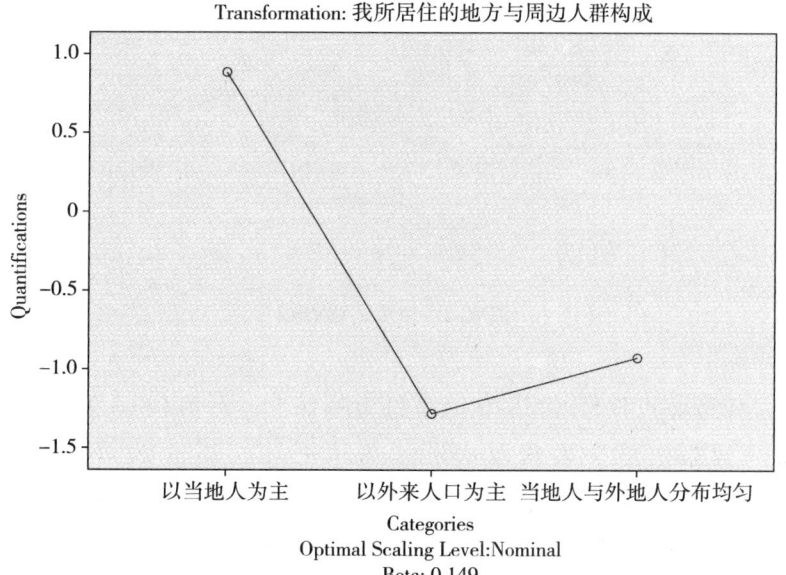

图 4.3　周边人群类型转换

4）住房人数对农民工居住满意度影响显著。表 4.13 结果显示，在控制其他变量后，住房人数对农民工城市居住满意度的影响显著为负（-0.078），结合住房人数转换图（见图 4.4），整体而言，住房人数与农民工城市居住满意度呈负相关关系，独居的满意度最高，住房人数越多，住房满意度越低。其中，2~5 个与 6~10 个的满意度差别不大。人均居住面积是衡量农民工城市居住质量的重要指标，在控制住房面积的情况下，居住的人数越少，人均居住面积就越大，代表着更好的居住质量，从而提升居住满意度。

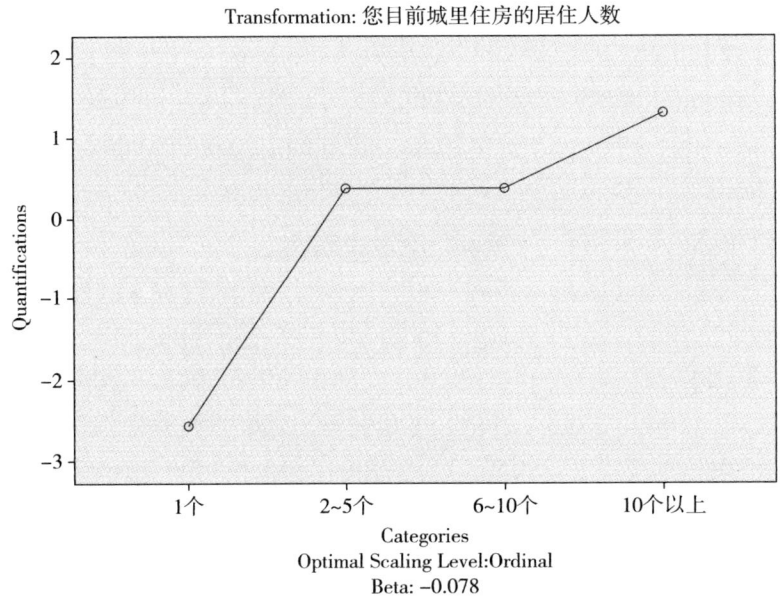

图 4.4　住房人数转换

5）住房形式对农民工居住满意度影响显著。表 4.13 结果显示，在控制其他变量后，住房形式对农民工城市居住满意度的影响显著为正（0.079），结合住房形式转换图（见图 4.5），整体而言，住房形式与农民工城市居住满意度呈现不规则的相关关系，住在父母或子女家的农民工居住满意度最高，其次是自购政策性住房、租政府廉租房的农民工，满意度最低的是工作场所（临时搭建），住集体宿舍的农民工居住满意度也很低。

住在父母或者子女家跟住自己家差别不大，能享受天伦之乐，在居住成本方面也相对较低，因此居住满意度很高。自购政策性住房和租住政府廉租房的农民工在购买价格和居住成本方面享受到了政府的住房保障优惠政策，能够带来较高的居住满意度；工作场所（临时搭建）和集体宿舍的居住条件最差，居住满意度自然相对较低。

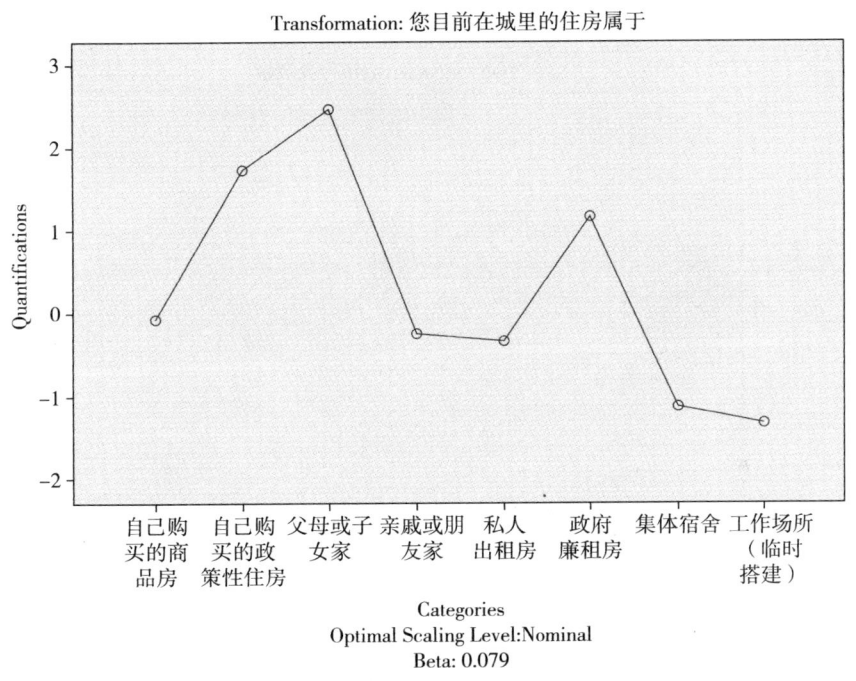

图 4.5　住房形式转换

6）城市行政级别对农民工城市住房满意度影响显著。表 4.13 结果显示，在控制其他变量后，城市行政级别对农民工城市居住满意度的影响显著为正（0.059），结合城市行政级别转换图（见图 4.6），整体而言，城市行政级别与农民工城市居住满意度呈正相关关系，行政级别越高的城市，农民工城市居住满意度也越高，直辖市的农民工城市住房满意度最高，其次是省会城市与地级市，不过这两者的农民工住房满意度差别不大，行政级别较低的小城镇和县级市/县城的农民工住房满意度差别也不大。究其原因，不同行政级别城市间既存在基础设施建设、公共服务供给等方面的差异,又存在住房成本、消费观念、收入水平等方面的差异,导致不同行政级别城市间农民工居住满意度的差异。具体而言,行政级别越高的城市,由于政策与财政资源的优势往往在基础设施建设与公共服务供给方面能够投入更多,有利于提高交通、教育、医疗等基础设施与公共服务供给的水平与效率,为农民工提供更好的居住与生活环境,这将有利于提高农民工的城市居住满意度。

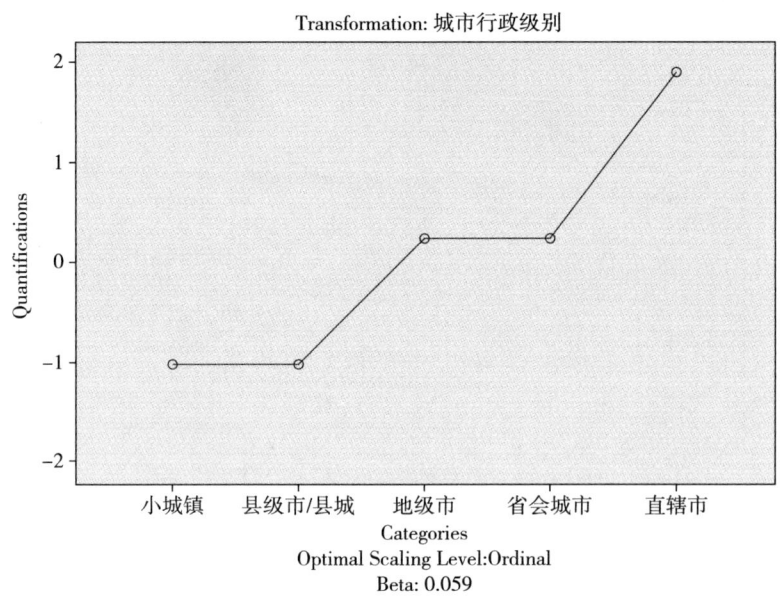

图4.6 城市行政级别转换

7) 受教育程度与婚姻状况对农民工城市住房满意度影响显著。表4.13结果显示,在控制其他变量后,受教育程度与婚姻状况对农民工城市居住满意度的影响均显著为正(分别为0.100和0.104),结合受教育程度转换图、婚姻状况转换图(见图4.7和图4.8),整体而言,农民工的受教育程度与城市居住满意度呈正相关关系,受教育程度越高的农民工,城市居住满意度也越高。婚姻状况为离异的农民工的城市居住满意度最高,丧偶农民工的城市居住满意度最低,但是由于离异与丧偶农民工的比重很低(1.49%和1.62%),因此意义不大。已婚农民工的城市居住满意度高于未婚农民工,说明未婚农民工对城市居住的要求和期望更高,导致满意度较低。

4 农民工城市住房现状分析

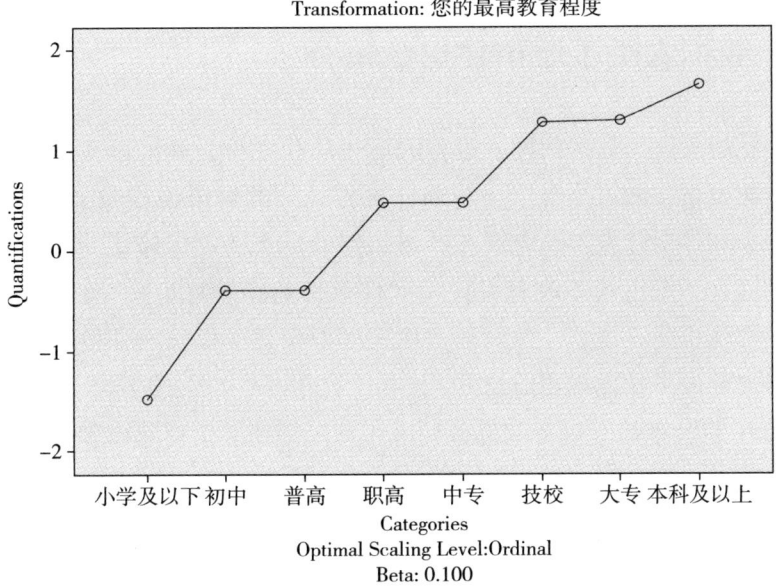

图 4.7 受教育程度转换

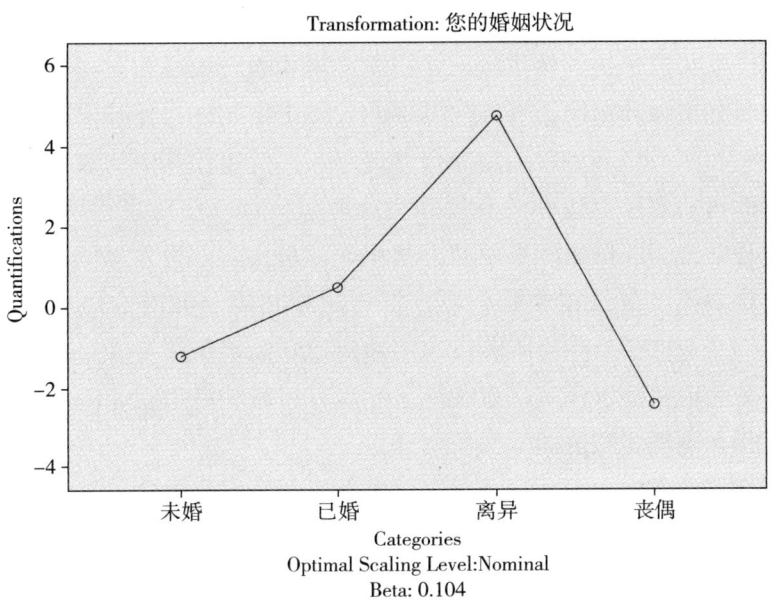

图 4.8 婚姻状况转换

4.3 我国农民工城市住房政策分析

为化解农民工住房问题，改善农民工居住条件，推动以人为本新型城镇化健康发展，国家出台了一系列针对农民工的城市住房政策。2007年，国家城乡和住房建设部、发展改革委、财政部、劳动保障部、国土资源部五部委联合下发《关于改善农民工居住条件的指导意见》，首次将农民工纳入城市住房建设规划，并对拓宽住房来源渠道、保障居住场所的安全和卫生等方面做了具体规定。

2011年发布的《国务院办公厅关于保障性安居工程建设和管理的指导意见》和2014年发布的《国务院关于进一步做好为农民工服务工作的意见》提出地方政府应完善住房保障制度，将符合条件的农民工纳入实施范围的总体思路。《国务院关于进一步做好为农民工服务工作的意见》中对改善农民工居住条件做了进一步部署。该意见指出，统筹规划城镇常住人口规模和建设用地面积，将解决农民工住房问题纳入住房发展规划。支持增加中小户型普通商品住房供给，规范房屋租赁市场，积极支持符合条件的农民工购买或租赁商品住房，并按规定享受购房契税和印花税等优惠政策。完善住房保障制度，将符合条件的农民工纳入住房保障实施范围。加强城中村、棚户区环境整治和综合管理服务，使居住其中的农民工住宿条件得到改善。农民工集中的开发区、产业园区可以按照集约用地的原则，集中建设宿舍型或单元型小户型公共租赁住房，面向用人单位或农民工出租。允许农民工数量较多的企业在符合规划和规定标准的用地规模范围内，利用企业办公及生活服务设施用地建设农民工集体宿舍，督促和指导建设施工企业改善农民工住宿条件。逐步将在城镇稳定就业的农民工纳入住房公积金制度实施范围。

其后，国家和地方进一步制定并出台了一系列改善农民工居住条件的政策，例如，为切实改善外来务工人员居住问题，杭州在现有的公租房、廉租房的基础上，计划三年内（2018~2020年）推出4万套蓝领公寓。蓝领公寓主要用于解决低收入外来务工人员，尤其是服务性行业的员工，如物业、餐饮、保洁、保安等就业人员的住房问题。蓝领公寓的主要职能是作为企业集体宿舍使用，拥有独立卫生间，配置公共食堂。2018年《政府工作报告》再次提出将符合条件的外来务工人员纳入住房保障范围。尽管国家和地方出台了一些改善农民工住房条件的政策，但是农民工住房保障问题依然很严峻。一方面，由于户籍制度的限制，农民工很难被纳入廉租房、公共租赁房等国家针对城市低收入家庭的住房保障政策体系中；另一方面，由于缺乏有效的激励和监督机制，用工单位以及其他相关主体在提供农民工住房以及改善住房条件方面动力不足。

4.4 农民工城市住房困境分析

通过对农民工城市住房政策与现状的分析发现，现阶段我国城市住房保障体系中虽然已提出将符合条件的农民工纳入保障性住房的供应对象，而且国家和地方也出台了一些针对农民工的城市住房政策，但对于改善农民工居住条件仍然作用有限，农民工在城市的住房保障和住房福利仍处于低水平状态。纵观我国农民工住房问题的发展历史，它既受制于农民工个人的能力不足，也与农民工群体的发展、城市住房市场发展、国家住房保障制度关系密切。

4.4.1 农民工方面的因素

进城务工农民工由于初始人力资本和社会资本累积的不足，导致收入水平偏低，住房支付能力有限。《2017年农民工监测调查报告》显示，当年我国外出农民工大专及以上文化程度的只有13.5%，近70%的仅有初中及以下文化程度；外出农民工中有64.5%的没有参加农业技术培训或非职业技能培训。学历教育不高和技能培训缺失使得农民工人力资本积累偏低，进城后能进入正规劳动力市场就业，主要集中在制造业、建筑业和服务业等收入相对较低的行业和私营单位，所获得的劳动报酬较低。《2017年度人力资源和社会保障事业发展统计公报》显示，2017年末，农民工人均月收入水平为3485元，城镇非私营单位就业人员年平均工资为74318元，而同年，全国商品房销售均价为8736元/平方米，其中，住宅平均价格为8544元/平方米。鉴于农民工主要以工资性收入为主，缺乏财产性收入等其他收入来源,在越来越高的房价面前,想进入正规市场购房或租房都面临着非常现实的资金约束。就算工资收入全部用于购房,购买一套60平方米的住房也需要花费12.26年的收入,如果再算上房价收入比逐年上涨的事实,农民工购房能力更加相形见绌。而且,农民工进城务工往往不只是为了满足自身生存与发展的需要,还面临资助家庭以及城市生活的高成本。因此,与城镇居民相比,农民工明显缺乏立足城市社会的竞争力。无法通过正规住房市场满足住房需求的农民工只能从非正规市场解决,价格低廉且居住条件差的单位集体宿舍、城中村和城郊租房成为了农民工的首选。收入水平是政府判断是否应该提供住房保障的基本依据,农民工群体的低收入特征理应成为政府住房保障的对象,需要政府统筹规划这部分群体的住房需求,并提供公平的住房保障支持。

除了支付能力不足外,农民工城市住房需求层次不高、改善城市居住条件的意愿不强也是导致当前农民工城市住房问题的重要原因。一方面,部分农民工(尤其是老一代农民工)外出务工是为了挣钱回家,仅仅把城市当作临时驻地,最终的定位还是要回归农村。为了追求务工收入最大化,农民工将会尽量节省其在城市生活的各方面支出,最大限度压缩城市生活支出,以换取回家后的幸福生活。作为生活成本中的大宗消费,住房开支自然成为农民工控制的重点。另一方面,进入城市后,由于受到土地与户籍制度的约束,无法跟城市居民一样享受城镇医疗、教育、就业等方面的福利,再加上城市居民的偏见与歧视,导致农民工缺乏城市归属感,被动形成城市过客的心态和定位,导致进城农民工在城市定居意愿不强和动力不足。这两方面的原因都会导致农民工城市住房需求层次不高、改善城市居住条件的意愿不强。

4.4.2 制度方面的因素

首先,二元户籍制度导致农民工城镇住房保障权利缺失。长期以来的二元户籍制度使得户籍与享有基本公共服务权利相挂钩,形成了户籍人口与外来人口的福利鸿沟,既干扰了劳动力资源的自由流动和配置效率,也影响了社会公平和稳定。以户籍制度为基础和依托的人口迁移制度、福利制度、社会保障制度、就业制度等制度体系,进一步固化了城乡二元利益失衡格局，农民工不仅在观念上而且在制度安排上仍然被当作城镇的"外来人口"对待，丧失了附着在户籍上的社会福利待遇和基本公共服务，无法共享优质的城市社会资源，更难以实质性享有城镇住房保障权利。由于户籍因素，一方面，农民工及其子女在进入城市后得不到永久居住的法律认可，不能享受与城市居民同等的公共服务。另一方面，农民工在就业和工资待遇、随迁子女教育和养老等领域的不平等待遇，又间接加大了定居城市的生活成本，降低了他们在城镇的住房消费能力。因此，城乡二元户籍制度是影响农民工城镇住房保障的关键因素。其次，城乡分割的土地与住房制度是农民工获得城镇平等住房保障的障碍。农村土地制度与城镇建设用地长期缺乏有效的联结转换机制，土地流转市场发展缓慢，宅基地退出机制和农宅建设补偿机制缺失，这些制度层面的不完善导致农民的土地财产权利难以得到保护，农村宅基地无法在城镇化过程中实现财产转化，从而制约农民工的资产积累，影响进城后的住房支付能力。

4.4.3 现有住房保障体系方面的因素

我国当前的城市住房保障体系对农民工的纳入程度很低，相应的住房保障及其公共服务明显不足。在我国当前已经形成的包括"公共租赁房""廉租房""经适房""两限房"和住房公积金等在内的住房保障体系中，廉租房和公共租赁房主要解决住房难，经济适用房解决买房难，限价商品房解决经济适用房和普通商品房之间的"买房夹生层"。农民工既与廉租房和经济适用房无交集，在纳入住房公积金制度的实际操作中也面临不少困难。第一，农民工的雇用单位主要是"非正规部门"，出于节省成本，缺乏为农民工缴存住房公积金的积极性和主动性，而住房公积金不属于社会保障范畴，不能按照《劳动合同法》强制执行。第二，农民工的工资水平低，按时足额拿到工资对他们是最实惠的，缴存公积金会减少农民工拿到的工资，可能影响其维持基本的生活水平，所以，农民工也缺乏缴存住房公积金的积极性和主动性。第三，农民工流动频繁，由于住房公积金账户没有全国统一，持续缴存住房公积金以及公积金的异地转移和提取都存在困难，阻碍了将农民工纳入住房公积金制度。

唯一对农民工开放的城市保障性住房是公共租赁房。公共租赁房是解决新就业职工等"夹生层"群体住房困难的一个产品，旨在为不属于低收入人群但住房困难的人员提供住房帮助，包括新就业职工、刚入职的大学毕业生、外地迁移到城市工作的群体等。显然，农民工属于外地迁移到城市工作的群体，自然也有权享受这种住房保障。然而，由于供不应求以及管理和运行机制不完善等原因，公共租赁房对农民工的住房保障作用有限。一方面，由于公共租赁房是针对所有城市常住人口的混合型保障房，在公共租赁房开发资金配套不足、供应数量有限的情况下，面临城市市民和新就业职工等相对强势群体的需求竞争，其能够带给农民工的住房保障效益有限。另一方面，公共租赁房审批手续周期长和过程烦琐，以及管理不善导致错配、错保等现象突出，让外来务工农民工望而生畏。而且，各地对于农民工户籍、子女入学、就业和社区公共服务、公共医疗卫生保障等与农民工切身利益相关的制度正处于初步探索和调整阶段，进一步加大了农民工城镇住房保障的落实难度。

5

农民工城市融入影响因素实证分析

5 农民工城市融入影响因素实证分析

5.1 理论基础

农民工城市融入既受个体特征、经济条件等微观因素的影响，又与地区的经济社会、文化等宏观因素有关。在微观因素方面，学者普遍认为农民工的城市融入与农民工的人力资本、社会资本等个体或家庭特征有关，又受农民工收入水平、就业状况、居住条件等经济因素的影响。从收入水平看，Algan（2010）、Hamermesh（2013）等学者的研究发现，较高的经济收入对流动人口的社会融入具有积极的促进作用；从就业和收入稳定性来看，石智雷和朱明宝（2014）、陆万军和张彬斌（2018）等学者认为就业稳定性与稳定的收入来源对增强"城市人"的身份认同感具有显著的促进作用。从居住因素看，Dorvil等（2005）认为住房是影响社会融入的重要因素，戚迪明（2017）、熊景维（2016）等学者研究发现居住空间对农民工城市融入具有显著影响，居住隔离不利于农民工价值观、生活方式的更新与向社会上层流动。在宏观因素方面，农民工城市融入在不同城市与地区间存在差异已被许多学者所证实，陈昭玖和胡雯（2016）从市民化视角分析了距离市区远近、所在区域类型、区域经济水平、城市级别、户籍管制等城市特征对农民工城市融入的影响；杨金龙和王桂玲（2017）研究发现，经济发达地区失地农民的综合融入水平高于欠发达地区，但心理认同层面不存在显著的区域差异；Lamphere（1992）、田明（2017）等学者认为城市经济发展水平影响流动人口在该城市的行为与融入；卢海阳和钱文荣（2013）、梁辉（2013）等学者认为地区的制度与文化会影响农民工城市融入；Gundert和Hohendanner（2015）、Chen和Wang（2015）等学者认为流入地城市的劳动力市场对流动人口的社会融入具有显著影响。部分学者研究了流出地环境对城市融入的影响，Jeffrey G. Reitz（2010）、Fratesi等（2014）等学者研究发现流入地与流出地之间经济发展差异不利于移民的社会融入；Bratsberg等（2014）、彭云春（2007）等学者认为流动人口在流出地的收入水平和乡土记忆影响他们在流入地城市的社会融入。

可见，流入地与流出地的经济社会环境特征、农民工在流入地的经济特征与农民工城市融入三者之间存在着交互关系。已有研究侧重于两两关系的分析与检验,对三者之间存在的交互影响却缺乏系统的探讨。有鉴于此,本章在前文理论分析的基础上,构建"地区异质性—经济条件—城市融入"三层次结构模型,基于浙江、贵州、湖南和重庆四地调查数据,运用结构方程模型对地区异质性、经济条件与城市融入的交互关系进行实证检验。

5.1.1 地区异质性对经济条件的影响

流入地与流出地在行政级别、经济发展水平、文化、制度等方面都存在着差异,这种地区异质性影响农民工的经济条件。行政级别与经济发展水平越高的城市往往在产业布局、创业环境优化、招商引资等方面越享有更多的便利,从而能够为农民工提供更好的就业机会和就业保障,流入地的文化、制度对农民工在流入地的就业也具有显著影响(陈斌开、陈思宇,2018;万海远、李实,2013),这些显然都会影响农民工就业条件。地区异质性对农民工在城市的居住条件同样具有重要影响:首先,行政级别和经济发展水平越高的城市往往房价也越高,高房价抑制了农民工住房购买行为,提高了居住成本,从而降低了农民工的居住条件。其次,行政级别和经济发展水平越高的城市,由于政策与财政资源的优势往往在基础设施建设方面投入越多,有利于提高交通、教育、医疗等基础设施的水平与效率,为农民工提供更好的居住与生活环境,这将有利于提高农民工的居住条件。此外,地区异质性还通过影响就业条件间接影响居住条件,因为,收入水平往往与居住状况显著相关,收入水平越高,越有经济实力改善居住条件,也就意味着拥有更好的居住条件。

5.1.2 经济条件对农民工城市融入的影响

社会行动理论认为社会行动具有能动性,经济条件对行动主体认知、获取、运用社会资源以及运用社会规则具有重要影响。在诸多经济因素中,就业与住房是农民工关注的核心指标。作为家庭的物质载体,住房不仅是日常生存的物质空间,也是个体间交往的微观载体,更与人们的安全感、认同感以及在城市能获取的城市社会资源存在广泛联系。在"居者有其屋"传统观念的影响下,居住条件对农民工"市民"身份的认同、在城市的归属感具有显著影响,居住条件越好,越有利于农民工对城市的心理认同。同时，居住环境影响着农民工在城市新社会关系形成的过程，良好的客观环境有助于他们与其他主体产生社会联结，创造更多的城市互动机会，从而有利于他们在城市的融入。

就业与收入是农民工在城市生存与发展的物质保障，对城市融入具有显著影响。首先，稳定的就业与收入来源对增强"城市人"的身份认同感具有显著的促进作用，同时，稳定的就业带来的经济收入及社会地位能够形成一种与当地人接近的生活方式，从而使其具备与当地人发生社会交往并参与当地社会生活的条件。其次，经济收入水平对农民工在城市的自我认同、被接纳程度都具有显著的积极影响，收入水平越高，社会经济地位越随之提升，越容易被城市居民接纳，更容易产生良好的社会互动（宋月萍、陶椰，2012）。此外，就业福利通过居住福利对城市融入具有间接影响，收入水平越高，意味着越更好的居住环境，进而带来越高水平的城市融入（刘建娥，2010）。

5.1.3 地区异质性对农民工城市融入的影响

社会关系与社会行为内嵌于某种已有环境之内，社会主体与环境之间相互影响。城市融入是承载着流出地社会记忆的流动人口与流入地特征融合的过程，流出地的经济社会环境是塑造流动人口先验态度与行为的重要载体，流动人口进入城市后会与新的环境产生各种联结，进而影响流动人口对当前环境的态度以及进城后的行为转变。

农民工进入流入地城市后，当地城市特征和构成环境影响着农民工生活的方方面面，农民工在流入地城市的各种行为与态度在一定程度上受城市这些特征的影响。田明和彭宇（2014）研究发现，农民工的城市融入水平存在着城市间的差异，这其中的机理体现在两个方面：一是城市本身的功能与属性对农民工城市融入具有直接影响，城市固有的资源、物质条件、公共服务等能直接作用于农民工对城市及城市主体的态度与互动行为；二是通过影响经济条件间接影响农民工城市融入，流入地的经济发展水平、就业环境、公共服务供给都是影响农民工前来就业与居住的重要因素，稳定的收入水平与便捷的居住环境对农民工城市融入具有积极影响。

人们在不同社会时空中会有不同的生命历程和生活行动特点，从而留下不同的社会记忆，这些记忆能被不断激活或提取，持续地影响着人们的观念和行为（彭远春，2007）。流出地的社会经济环境是塑造农民工社会记忆的重要载体，会影响人们进入流入地城市后的观念和行为。首先，农民工在流出地的社会记忆在进入城市后面临与新环境的融合，两地环境之间的差异越小，面临的融入障碍就越少，农民工的城市融入就越容易（田明，2017）。其次，流出地的经济社会结构影响农民工在流入地城市的工作机会和居住观念，进而影响经济条件。已有研究表明，流出地的经济环境越高，农民工在流入地城市面临的就业机会越多（Bratsberg et al.，2014），从而拥有更好的经济条件。

根据上述分析，地区异质性、经济条件与城市融入三者之间存在交互影响的复杂关系（见图5.1），本章通过构建"地区异质性—经济条件—城市融入"三层次结构方程模型来反映三者之间的交互关系，并采用渐进自由无干扰的加权最小二乘法（ADF）和中介效应检验法估计和检验三个变量之间的影响路径系数及中介效应，以期识别三者交互影响的路径、强度和方向。

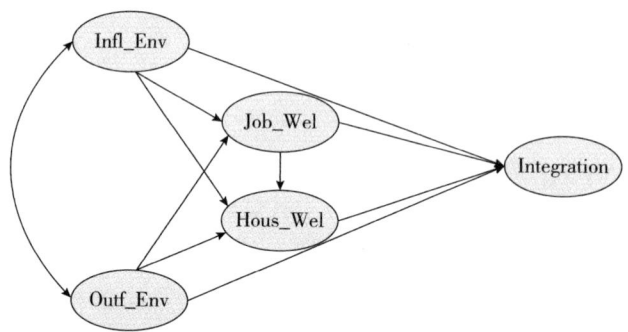

图 5.1 地区异质性、经济条件与城市融入关系的概念模型

5.2 实证模型构建

5.2.1 变量与测度

（1）城市融入：基于第 2 章的理论分析和概念界定，本章从心理融入

与行为融入两个方面衡量城市融入，心理融入主要指农民工对流入地城市、自身身份的认同以及与城市居民互动的心理感受，属于城市融入的主观维度，本章参考任远（2010）、李振刚等（2013）、陆万军等（2018）等学者的研究，通过五个观测变量进行测度。行为融入是指农民工对流入地城市行为规范和习俗的认可与遵从以及与城市居民的互动情况，属于城市融入的客观维度，本章参考任远（2010）、杨菊芳（2009）等学者的研究，通过四个观测变量进行测度。

（2）地区异质性：地区异质性从流入地环境和流出地环境两个方面来衡量，为了尽可能全面而准确地评价流入地与流出地的环境，同时考虑结构方程模型实证分析的可操作性和数据可获得性限制，本章基于前文的理论分析，采用主观评价的方式，从经济水平、消费水平、就业环境、公共服务水平四个方面衡量流入地与流出地的环境。

（3）经济条件：本章借鉴阿马蒂亚·森的可行能力理论，参考已有研究，从就业福利、居住福利两个方面对农民工经济条件进行度量。其中，居住福利用居住满意度来衡量，运用四个观测指标进行测度。在家庭化迁居已经逐渐成为中国人口流动的主要趋势的背景下，本章从收入水平和就业保障两个层面用家庭年总收入、家庭年总支出、个人月工资收入、就业保障四个变量来测度就业福利。为了尽可能全面而准确地评价就业保障，同时考虑结构方程模型实证分析对数据的要求，本章借鉴Little（2002）的做法，通过把"是否签订劳动合同""是否购买社保""工作是否有变动"三个二分类变量合并（Parcel）得到的新变量来测度工作保障。

以上所有观测变量除了衡量就业保障的三个二分类变量外，全部采用李克特5级度量方法进行测度。同时，为了保证数据的正态性，本章运用公式（X-min）/（max-min）对所有指标数据进行标准化处理。各变量标准化后的描述性统计如表5.1所示，所有观测指标的偏度绝对值都小于1，峰度绝对值都小于5，说明各变量符合正态分布。为检验观测变量的鉴别力，进一步对六个潜变量的观测变量进行独立性t检验，所有变量都显著通过，表示所有观测变量都具有鉴别力，变量的选取与测度可接受。

表 5.1 变量构成与描述性统计

潜变量	符号	观测变量		描述性统计			
		问项		Mean	Std. Dev	Skewness	Kurtosis
流入地环境 (Infl_Env)	Ie1	您现工作城市的就业环境等级		0.564	0.209	0.055	0.421
	Ie2	您现工作城市的经济发展等级		0.589	0.219	−0.016	−0.001
	Ie3	您现工作城市的房价水平等级		0.658	0.227	−0.265	−0.108
	Ie4	您现工作城市的公共服务等级		0.563	0.223	−0.047	0.359
流出地环境 (Outf_Env)	Oe1	您户口所在地的就业环境等级		0.447	0.192	0.017	0.566
	Oe2	您户口所在地的经济发展等级		0.420	0.191	−0.080	0.308
	Oe3	您户口所在地的房价水平等级		0.452	0.205	−0.111	0.132
	Oe4	您户口所在地的公共服务等级		0.466	0.191	−0.092	0.798
就业福利 (Job_Wel)	Jw1	您在城市的月工资收入水平		0.460	0.253	0.399	−0.278
	Jw2	您家庭的年总收入水平		0.674	0.310	−0.400	−0.666
	Jw3	城市的就业保障水平		0.486	0.388	0.049	−1.338
	Jw4	您家庭的年总支出水平		0.527	0.297	0.061	−0.787
居住福利 (Hous_Wel)	Hw1	我所居住的地方乘车很方便		0.513	0.192	−0.059	1.128
	Hw2	我所居住的地方娱乐休闲很方便		0.492	0.210	−0.098	0.476
	Hw3	我所居住的地方小孩上学很便利		0.513	0.209	−0.131	0.543
	Hw4	我所居住的地方环境与治安很好		0.507	0.202	−0.027	0.730
行为融入 (Beh_Inte)	BI1	我与城市本地人交往很频繁		0.480	0.193	−0.104	0.925
	BI2	我与城市本地人交往很融洽		0.503	0.178	−0.017	1.555
	BI3	遇到困难我会主动向本地人求助		0.475	0.192	−0.201	0.632
	BI4	我遵从当地生活方式与习俗		0.517	0.177	0.015	1.366
心理融入 (Psy_Inte)	PI1	我对自己的城市身份很满意		0.469	0.184	−0.065	1.193
	PI2	我与当地人的地位相同		0.510	0.189	0.328	1.160
	PI3	我在城里生活有归属感		0.498	0.183	0.063	0.858
	PI4	我在城里生活受到了公平待遇		0.508	0.185	0.132	1.139
	PI5	我在城市生活有自信		0.503	0.194	0.164	0.836

5.2.2 结构方程模型的构建

地区异质性、经济条件与城市融入之间存在复杂的交互关系，通过单方程来两两估计三者的关系，得到的估计结果将是有偏的，而且，这三个变量都无法用单一指标来直接衡量，其数量特征需由多个指标来综合反映，采用传统的联立方程组模型进行量化分析会存在测量误差。基于此，本章采用结构方程模型（Structural Equation Modeling，SEM）来检验地区异质性、经济条件与城市融入之间的关系。结构方程模型不仅能对难以直接观测到的潜变量提供一个可以观测和处理的方式，还能同时处理多个因变量的交互关系，且允许自变量和因变量含有测量误差，正好可以解决上述问题。本章基于前文理论假设和概念模型，设定如下测量方程和结构方程：

$$x = L_x x + s \tag{5.1}$$

$$y = L_y h + e \tag{5.2}$$

$$h = Bh + Gx + d \tag{5.3}$$

其中，式（5.1）和式（5.2）分别为外生潜变量和内生潜变量测量方程，x 和 y 分别是外生潜变量和内生观测向量，x 和 h 分别为外生潜变量和内生潜变量向量，L_x 和 L_y 为待估参数矩阵，s 和 e 为测量方程的测量误差向量。式（5.3）是结构方程，B 是反映内生潜变量之间相互影响的待估参数矩阵。G 是反映外生潜变量 x 对内生潜变量 h 影响的待估参数矩阵，d 是结构方程的测量误差向量。

为了检验行为融入与心理融入的同质性，在实证分析时，本章把城市融入模型分成 Model 1（行为融入模型）和 Model 2（心理融入模型）两个模型分别进行。

5.2.3　数据说明

本章实证分析所使用的数据来自于课题组 2017 年 12 月至 2018 年 4 月开展的问卷调查。该问卷调查的目的旨在了解农民工城市务工现状、市民化与返乡意愿。调查采用实地问卷调查的方式进行，调查地点分为两种类型：一是城市实地问卷调查。按照随机抽样原则，在东部、西部、中部分别选择浙江、贵州、湖南三个代表省和重庆直辖市作为调查对象，每个省选取不同级别的四个城市，在每个城市的商业区发放 50 份调查问卷，在重庆发放问卷 150 份，总共获得问卷 782 份，根据本研究的需要，剔除无效和有缺失值的问卷，得到有效问卷 588 份。二是农村入户问卷调查。利用春节期间农民工返乡的机会，采用入户问卷调查的方式进行，在东部、西部、中部分别选择浙江、贵州、湖南三个代表省,省以下各选三个县级单位(区、县或者县级市),在每个县级单位选择 4 个村各 25 户左右有外出务工经历的家庭作为调查对象,在富阳、宁海、桐乡、兴义、安龙、册亨、耒阳、衡南、衡东九个县(区、市)获得问卷 910 份,根据本研究的需要,剔除无效和有缺失值的问卷,得到有效问卷 321 份。

由于样本来源不一样,为了检验两份样本是否有差异,借鉴 Somers 等(2003)的方法对两样本进行同质性检验。检验结果显示,两样本在同一变量中的分布卡方值不显著,表示两样本无差异,可合并到一起研究,合并后的有效样本量为 909 份,样本的描述性统计如表 5.2 所示。

表 5.2 样本描述性统计

变量		样本数(人)	百分比(%)	变量		样本数(人)	百分比(%)
性别	男	585	64.4	婚姻状况	未婚	276	30.4
	女	324	35.6		已婚	633	69.6
出生年代	老一代	423	46.5	工作城市级别	小城镇	119	13.1
	新生代	486	53.5		县(县级市)	306	33.6
受教育程度	小学及以下	152	16.7		地级市	190	20.9
	初中	349	38.4		省会城市	208	22.9
	高中	228	25.1		直辖市	86	9.5
	高中以上	180	19.8				

5.3 实证结果分析

5.3.1 测量模型分析

5.3.1.1 收敛效度检验

本章对概念模型中的六个构念进行验证性因子分析(CFA),结果如表 5.3 所示,所有构念的标准化负荷量(STD)都在 0.55~0.85,且都显著;多元相关系数的平方值(SMC)在 0.4~0.7,六个构念的组成信度

(CR)都在 0.75 以上,平均变异数萃取量(AVE)都在 0.49 以上,本模型除了少数几个变量稍低于 0.5 但仍在可接受范围外,其余都符合 STD 大于 0.5、CR 大于 0.6、AVE 和 SMC 大于 0.5 的评价标准(Hair et al.,2009),因此,本模型六个构念具有较好的收敛效度,表明观测变量能较好地反映潜变量,指标的有效性与可靠性可接受。

表 5.3 收敛效度检验结果

潜变量	观测变量	因素负荷量			t	P	收敛效度		
		USTD	STD	S.E.			SMC	CR	AVE
流入地环境 (Infl_Env)	Ie1	1	0.806				0.650	0.844	0.577
	Ie2	0.938	0.791	0.040	23.283	***	0.626		
	Ie3	0.850	0.661	0.041	20.843	***	0.437		
	Ie4	0.974	0.771	0.040	24.601	***	0.594		
流出地环境 (Outf_Env)	Oe1	1	0.686				0.471	0.806	0.510
	Oe2	1.253	0.795	0.085	14.808	***	0.632		
	Oe3	1.099	0.692	0.083	13.174	***	0.479		
	Oe4	1.056	0.677	0.075	14.098	***	0.458		
就业福利 (Job_Wel)	Jw1	1	0.625				0.391	0.779	0.477
	Jw2	0.993	0.589	0.076	12.990	***	0.347		
	Jw3	0.908	0.618	0.072	12.526	***	0.382		
	Jw4	1.041	0.887	0.078	13.320	***	0.787		
居住福利 (Hous_Wel)	Hw1	1	0.687				0.472	0.837	0.564
	Hw2	1.033	0.746	0.072	14.362	***	0.557		
	Hw3	1.097	0.724	0.072	15.279	***	0.524		
	Hw4	1.275	0.839	0.076	16.739	***	0.704		
行为融入 (Beh_Inte)	BI1	1	0.782				0.612	0.819	0.535
	BI2	0.988	0.839	0.052	19.107	***	0.704		
	BI3	0.847	0.673	0.054	15.785	***	0.453		
	BI4	0.703	0.608	0.056	12.457	***	0.370		

续表

潜变量	观测变量	因素负荷量			t	P	收敛效度		
		USTD	STD	S.E.			SMC	CR	AVE
心理融入 （Psy_Inte）	PI1	1	0.727				0.529	0.850	0.531
	PI2	1.003	0.710	0.058	17.359	***	0.504		
	PI3	1.03	0.755	0.059	17.331	***	0.570		
	PI4	0.969	0.700	0.059	16.452	***	0.490		
	PI5	1.09	0.748	0.062	17.629	***	0.560		

5.3.1.2 区别效度检验

区别效度分析是验证不同构念间在统计上是否有差异，常见的区别效度估计方法有信赖区间法、AVE法、相关系数设定法等，由于本章每个构念之间的标准化系数都小于0.7，适合采用AVE法进行区别效度检验。AVE法认为，如果每个构念的AVE值都大于该构念与其他构念的皮尔森相关系数，则认为测量模型中所有的构念间具有区别效度。表5.4为皮尔森相关系数矩阵，对角线上的数字是相应构念的AVE值的平方根，非对角线上的值为各个构念间的皮尔森相关系数，通过比较分析，对角线上的所有值都要大于水平和垂直线上的皮尔森相关系数值，因此，可以认为本章的六个构念间具有较好的区别效度。

表5.4 区别效度的AVE法检验结果

	Beha_Inte	Job_Wel	Hous_Wel	Outf_Env	Infl_Env	Psy_Inte
Beh_Inte	0.731					
Job_Wel	0.220	0.691				
Hous_Wel	0.545	0.304	0.751			
Outf_Env	0.222	0.153	0.030	0.714		
Infl_Env	0.277	0.455	0.368	0.253	0.759	
Psy_Inte	0.682	0.258	0.454	0.242	0.282	0.729

5.3.2 结构模型分析

根据图 5.1 概念模型的设定，本章采用最大似然估计法分别对行为融入模型和心理融入模型的参数进行估计，估计所得的统计模型如图 5.2 和图 5.3 所示。图中的配适度指标显示，两个模型的 GFI、AGFI、IFI、CFI、TLI 都在 0.9 以上，RMSEA 在 0.6 以下，均在参考值以内。但是 χ^2/DF 值不甚理想，行为融入模型的 χ^2/DF 大于 0.3 的临界值，心理融入模型的 χ^2/DF 也只比临界值稍小。基于此，本章运用 Bollen-Stine Bootstrap 对配适度指标进行修正，修正后的结果显示（见表 5.5），两模型的 Bollen-Stine Bootstrap 的 p 值都小于 0.001，修正后的 χ^2/DF 值都在 2 以内，说明前面估计的 χ^2/DF 值不佳不是模型自身问题所致，其他各项配适度指标在重新估计后都得到了改善，都符合 SEM 的拟合要求，因此两个模型都可接受。

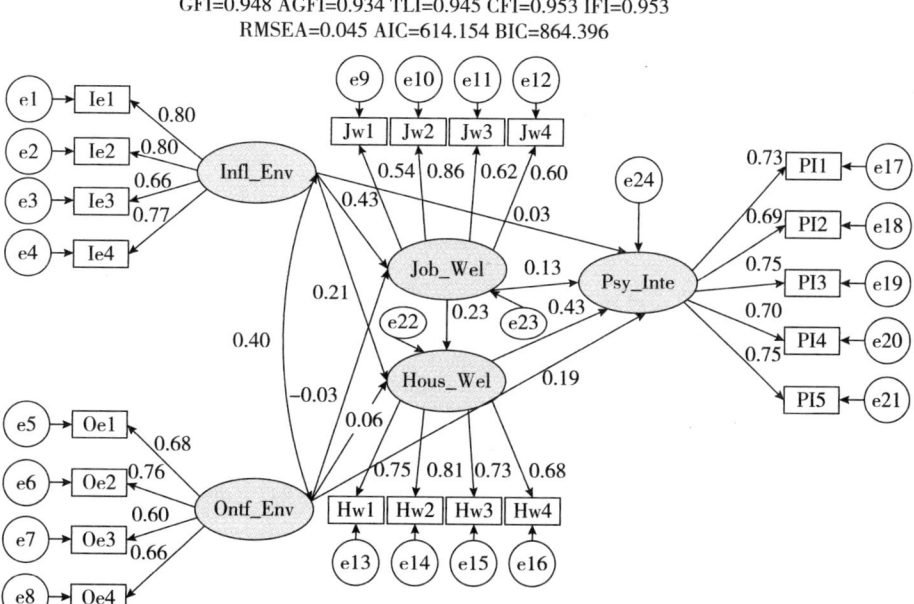

图 5.2 心理融入结构模型

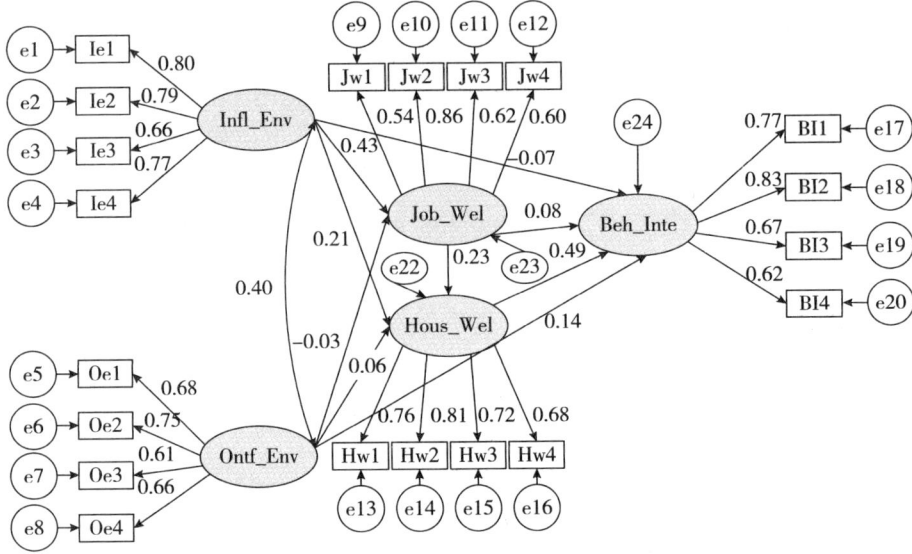

图 5.3　行为融入结构模型

表 5.5　Bollen-Stine Bootstrap 修正后的模型配适度指标值

模型拟合指数	标准	研究结果	
		行为融入模型	心理融入模型
Bollen-Stine Chi-square	small is better	195.71	224.68
Normed Chi-square（Chi^2/DF）	<3	1.22	1.26
DF	large is better	160	179
Goodness of Fit（GFI）	>0.9	0.97	0.97
Adjust Goodness of Fit（AGFI）	>0.9	0.96	0.96
Tucker-Lewis Index（TLI）	>0.9	0.99	0.99
Comparative Fit Index（CFI）	>0.9	0.99	0.99
Icremental Fit Index（IFI）	>0.9	0.99	0.99
RMSEA	<0.08	0.02	0.02
Hoelter' vritical N	>200	774.21	724.98
Akaike Information Criterion（AIC）	small is better	295.71	328.68
Bayes Information Criterion（BIC）	small is better	536.33	578.92

5.3.2.1 经济条件对城市融入的影响

结构模型的估计结果显示（见表 5.6），结构模型中的内生潜变量不管是行为融入还是心理融入，居住福利对城市融入的影响系数都在1%的水平上显著为正，住房与居住环境是农民工城市态度和行为形成的微观载体，对居住条件的评价越高，越有利于对城市产生积极的感情，也有利于产生更多的社会联结。就业福利对城市融入的影响系数在5%的水平上显著为正，就业稳定性和收入水平越高，意味着在城市的物质生活越有保障，社会经济地位越高，这不仅能提高农民工的自我认同和心理自信，还能带来更多的社会互动，从而有助于融入城市。在两个模型中，就业福利对居住福利的影响系数都在1%的水平上显著为正，表明就业与收入对居住条件的改善具有积极影响。

5.3.2.2 地区异质性对城市融入的影响

表 5.6 显示，在两个模型中，流入地环境对城市融入的影响都不显著，表明流入地城市特征对农民工城市融入不具有直接效应，可能的原因是，流入地城市特征对城市融入的影响主要通过经济条件的中介效应实现。流出地城市特征对城市融入的影响系数都在1%的水平上显著为正，农民工对流出地城市环境的评价越高，在一定程度上意味着流出地环境与流入地环境的差异越小，流入前后所面临的环境转变就越小，从而有利于城市融入。

表 5.6 城市融入模型估计结果

	Model Path			Ustd	Std.	S.E.	t-value	P
行为融入模型	Job_Wel	<---	Outf_Env	-0.031	-0.03	0.046	-0.673	0.501
	Job_Wel	<---	Infl_Env	0.348	0.425	0.042	8.279	***
	Hous_Wel	<---	Job_Wel	0.227	0.227	0.045	4.995	***
	Hous_Wel	<---	Outf_Env	0.061	0.058	0.046	1.324	0.186
	Hous_Wel	<---	Infl_Env	0.174	0.213	0.039	4.426	***
	Beh_Inte	<---	Outf_Env	0.164	0.143	0.048	3.384	***
	Beh_Inte	<---	Infl_Env	-0.058	-0.065	0.041	-1.423	0.155
	Beh_Inte	<---	Job_Wel	0.092	0.084	0.045	1.99	0.047
	Beh_Inte	<---	Hous_Wel	0.537	0.492	0.049	10.877	***

续表

	Model Path			Ustd	Std.	S.E.	t-value	P
心理融入模型	Job_Wel	<---	Outf_Env	-0.031	-0.03	0.047	-0.670	0.503
	Job_Wel	<---	Infl_Env	0.349	0.425	0.042	8.293	***
	Hous_Wel	<---	Job_Wel	0.227	0.227	0.045	5.004	***
	Hous_Wel	<---	Outf_Env	0.061	0.058	0.046	1.329	0.184
	Hous_Wel	<---	Infl_Env	0.175	0.213	0.039	4.426	***
	Psy_Inte	<---	Outf_Env	0.193	0.185	0.044	4.437	***
	Psy_Inte	<---	Infl_Env	0.022	0.027	0.036	0.62	0.536
	Psy_Inte	<---	Job_Wel	0.134	0.135	0.041	3.24	0.001
	Psy_Inte	<---	Hous_Wel	0.43	0.434	0.044	9.87	***

5.3.2.3 地区异质性对经济条件的影响

表5.6显示,在两个模型中,流入地环境对就业福利和居住福利的影响都显著为正,流入地城市的经济环境越好,公共服务供给水平越高,意味着更规范的就业市场、更完善的基础设施,以及更便捷的生活,这不仅能为农民工提供更多的就业机会和更高的收入,还有助于居住环境的改善,从而提高就业和居住福利。流出地环境对就业福利和居住福利的影响在5%的水平上都不显著,表明流出地环境对农民工在流入地城市的经济条件没有影响。

5.3.2.4 中介效应分析

为了分析变量关系的中介效应,本章采用Sobel(Sobel,1982)检验法对经济条件的中介效应进行检验。具体步骤是:①计算Sobel检验统计值 $Z_{Sobel}=ab/\sqrt{a^2 s_b^2+b^2 s_a^2}$,其中,$a$ 和 s_a 为内生变量对外生变量的非标准化影响系数和标准误,b 和 s_b 为中介变量对外生变量的非标准化影响系数和标准误;②比较 Z_{Sobel} 与临界值±1.96的大小,如果在0.05显著水平下,$|Z_{Mediation}|$ 大于1.96,则认为中介变量的中介效应显著。Z_{Sobel} 的计算值和检验结果如表5.7所示。

5 农民工城市融入影响因素实证分析

表 5.7　中介效应检验统计结果

	Influence Path			中介效应 (ab)	$Z_{Sobel}\text{-Value}$	Result
行为融入模型	Infl_Env	Job_Wel	Beha_Inte	0.032	1.985	显著
	Infl_Env	Hous_Wel	Beha_Inte	0.093	4.132	显著
	Outf_Env	Job_Wel	Beha_Inte	-0.003	-0.64	不显著
	Ontf_Env	Hous_Wel	Beha_Inte	0.033	1.316	不显著
	Job_Env	Hous_Wel	Beha_Inte	0.122	4.582	显著
心理融入模型	Infl_Env	Job_Wel	Psy_Inte	0.047	3.041	显著
	Infl_Env	Hous_Wel	Psy_Inte	0.075	4.078	显著
	Outf_Env	Job_Wel	Psy_Inte	-0.004	-0.647	不显著
	Ontf_Env	Hous_Wel	Psy_Inte	0.026	1.314	不显著
	Job_Env	Hous_Wel	Psy_Inte	0.098	4.483	显著

表 5.8 的中介效应分析进一步显示，就业福利通过居住福利间接影响城市融入的中介效应显著，说明就业福利对城市融入具有间接影响，通过影响居住福利，就业福利可以对城市融入产生间接影响（间接效应系数分别为 0.112、0.099，都在 5%的水平上显著）；就业福利和居住福利通过流入地环境影响城市融入的中介效应均显著，通过影响就业福利和居住福利，流入地环境可以对城市融入产生间接影响（间接效应系数分别为 0.188、0.192，都在 5%的水平上显著），因此，流入地环境对城市融入具有间接影响；就业福利通过流入地环境影响居住福利的中介效应均显著，通过影响就业福利，流入地环境可以对居住福利产生间接影响（间接效应系数分别为 0.096、0.097，都在 5%的水平上显著）；就业福利通过流出地环境影响居住福利的中介效应也均显著，通过影响就业福利，流出地环境可以对居住福利产生间接影响（间接效应系数均为 -0.007，在 5%的水平上显著），说明就业福利通过流出地环境影响居住福利的中介效应为负；就业福利和居住福利通过流出地环境影响城市融入的中介效应都不显著。

表 5.8 潜变量间总效应、直接效应和间接效应标准化统计结果

	Influence Path	Total Effects	Direct Effects	Indirect Effects
行为融入模型	流入地特征→行为融入	0.123 ***	-0.065	0.188 **
	流入地特征→就业福利	0.425 ***	0.425 ***	
	流入地特征→居住福利	0.309 ***	0.213 ***	0.096 **
	流出地特征→行为融入	0.166 ***	0.143 ***	0.023
	流出地特征→就业福利	-0.030 **	-0.030	
	流出地特征→居住福利	0.051 ***	0.058	-0.007 **
	就业福利→居住福利	0.227 ***	0.227 ***	
	居住福利→行为融入	0.492 ***	0.492 ***	
	就业福利→行为融入	0.197 ***	0.085 **	0.112 **
心理融入模型	流入地特征→心理融入	0.219 ***	0.027	0.192 **
	流入地特征→就业福利	0.425 ***	0.425 ***	
	流入地特征→居住福利	0.309 ***	0.213 ***	0.097 **
	流出地特征→心理融入	0.203 ***	0.185 ***	0.018
	流出地特征→就业福利	-0.030	-0.030	
	流出地特征→居住福利	0.052 ***	0.058	-0.007 **
	就业福利→居住福利	0.227 ***	0.227 ***	
	居住福利→心理融入	0.434 ***	0.434 ***	
	就业福利→心理融入	0.234 ***	0.135 ***	0.099 **

注：**、*** 分别表示在 5%、1% 水平上显著。

5.3.2.5 模型比较分析

本章采用 Duncan 检验法对各变量对行为融入和心理融入影响的差异进行检验。具体步骤是：①计算 Duncan 检验统计值 $Z_{Duncan} = (a-b)/\sqrt{s_a^2+s_b^2}$，式中各个变量的意义与前文一样；②比较 Z_{Duncan} 与临界值 ±1.96 的大小，如果在 0.05 的显著水平下，$|Z_{Duncan}|$ 大于 1.96，则认为两非标准化系数有显著差异，反之则没有显著差异。

表 5.9 的统计结果显示，流入地环境、流出地环境、就业福利和居住福利对行为融入与心理融入的影响差异检验都未通过，表示各变量对行为融入和心理融入的影响没有显著差异。这间接说明了，农民工在融入城市过程中的主观意识和行为互动在本质上具有一致性，行为融入和心理融入

衡量城市融入具有同质性。

表 5.9　模型竞争性比较分析

Factor	行为融入模型		心理融入模型		Z-value	Result
	非标准系数	标准误	非标准系数	标准误		
Infl_Env	0.022	0.036	-0.058	0.041	1.466	不显著
Outf_Env	0.193	0.044	0.164	0.048	0.445	不显著
Job_Wel	0.134	0.041	0.092	0.046	0.682	不显著
Hous_Wel	0.430	0.044	0.537	0.049	-1.625	不显著

5.4　实证结论

本章借鉴社会行动理论对城市融入的维度进行界定，从理论上梳理了地区异质性、经济条件与城市融入的关系，构建了"地区异质性—经济条件—城市融入"三层次关系模型。在此基础上，基于浙江、贵州、湖南和重庆四地调查数据，运用结构方程模型对农民工城市融入两维度的同质性以及与地区异质性、经济条件之间的交叉关系进行了实证检验。研究结果显示：①城市融入的本质是社会行动，可从心理融入和行为融入两个维度对城市融入进行界定，而且两者对表征城市融入具有同质性。②就业福利和居住福利对行为融入和心理融入都具有显著的直接正向影响，就业福利还通过居住福利的中介效应对城市融入具有间接影响。③流入地地缘环境对城市融入的直接影响不显著，对就业福利和居住福利则具有显著的正向影响，并通过它们的中介效应间接影响城市融入。流出地地缘环境对城市融入具有显著的直接正向影响，而对就业福利和居住福利的影响则都不显著。

6

农民工市民化影响因素实证分析

6 农民工市民化影响因素实证分析

6.1 引言与文献综述

随着城镇化进程的加速,我国农民并没有像西方早期城市化那样纷纷从农村入驻城市成为真正的城市居民。2017 年我国常住人口城镇化率达到 58.52%,但是户籍人口城镇化率才 42.35%,相差约 16 个百分点。这一差距意味着中国目前的 2.8 亿多农民工只是"半城镇化",而这种"半城镇化"产生了数以千万计的留守儿童、留守老人和留守妇女,并牺牲了农民工家庭三代人的幸福。这一现状的存在既不利于"1 亿左右农业转移人口和其他常住人口落户城镇"目标的实现,又严重制约了新型城镇化的健康持续发展。因此,如何有效推动农业转移人口有序市民化,实现"以人为本"城镇化发展,是我国当前值得关注的重要课题。

市民化是农民工基于效用最大化追求,个体及家庭特征与城市特征融合的过程。基于已有研究,农民工市民化既和农民工的个体特征、家庭特征相关,又受收入水平、地缘特征、公共产品供给水平、户籍制度等城市特征的影响。在我国当前的行政体制下,行政级别是城市特征的重要决定因素。有别于西方城市化进程中市场自发力量主导,我国城市化进程中行政力量作用显著。在中央集权的政治体制下,影响农民工市民化的经济、制度、基础设施等宏观因子都与城市的行政级别密切相关。不同行政级别的城市因为在权力配置、财力支持、资源分配等方面的差异会影响城市产业、交通、教育、基础设施等系统的发展,进而影响农民工市民化。因此,研究农民工市民化问题,不能忽视城市级别的基础作用。尤其是在我国特定的政治体制下,城市行政级别可能是比经济水平、基础设施、公共服务等更为重要的因素。

现有关于农民工市民化的文献中,对城市级别给予关注的研究相对较少。少数文献对城市规模与农民工市民化的关系进行了研究,例如,李瑞和刘超(2018)、朱明宝和杨云彦(2016)、张文武等(2018)分别对城市人口规模与农民工市民化能力、市民化意愿以及城市融入的关系进行了研究。杨曦、周密、叶俊焘与钱文荣等对不同规模城市下农民工市民化福利水平、人力资本积累对市民化的影响、市民化意愿的形成机理等问题进行了研究。这些研究大都是把城市规模作为一个外生变量，在给定城市之间规模差异的条件下，分析农民工市民化的特点或者影响因素，探讨的是不同规模城市的农民工市民化是否有差异，而对城市规模影响农民工市民化的机制与路径，即城市规模如何影响农民工市民化问题却没有涉及。而且，城市规模不等同于城市级别，城市级别是行政登记制度在城市管理上的缩影，城市在行政管理和社会经济管理方面权力的大小与城市政治级别严格对应。城市规模指的是城市的大小，已有文献一般用人口数量、土地面积进行衡量。城市级别与城市规模之间具有一定的关联性，行政级别越高的城市一般规模也越大，但是并不绝对，而且两者属于不同维度的概念，城市级别是比人口规模、经济规模、土地规模等更丰富更重要的因素。

综上，城市级别是理解与分析农民工市民化非常关键的因素。本章引入迁移福利作为中介变量，基于全国调查数据探讨城市级别对农民工市民化倾向的影响作用与机制。结果发现，农民工市民化倾向与城市级别呈现倒"U"形关系，在县（市）务工的农民工的定居意愿最强，其次是地级市和省会城市，在直辖市务工的农民工的定居意愿最弱，建制镇次之。城市级别主要通过收入水平、居住福利、社交福利和心理福利影响农民工市民化倾向，就业福利和居住成本的中介效应不显著。

6.2 理论框架与研究假说

6.2.1 城市级别对农民工市民化的影响作用

城市级别是行政和地理空间双重区划的结合，城市在行政管理和社会经济管理方面权力的大小与城市政治级别严格对应。在我国当前的体制下，城市化进程中的资源和生产要素都是由政府从中央到地方、从上级城市到下级城市逐次分配。因此，行政级别越高的城市，享有越多的资源配置优势。高行政等级城市的这种优势能够进一步成为优化产业、教育、医疗环境以及提升基础设施、公共服务供给水平的条件，进而促进城市经济社会更快的发展。

市民化是农民工基于收入、福利需求与城市相互融合的过程，农民工进城的最初动机以追求利益最大化、实现其物质利益需求为主，是否在城市定居或者落户则是对物质利益、生活环境、发展机会等综合权衡的结果。不同行政级别的城市在交通地位、就业与创业环境、教育资源、基础设施水平等方面存在差异，行政级别越高的城市往往在这些方面越具有优越性，从而对农民工的吸引力更大。同时，城市行政级别越高也意味着越高的制度约束和越高的居住、生活成本，这种约束超过一定程度，会抵消优越性带来的吸引力，导致农民工市民化意愿下降。基于此，本章提出以下假说：

假说1：城市级别影响农民工市民化意愿，随着城市级别的提高，农民工市民化意愿先上升后下降。

6.2.2 城市级别对农民工市民化的作用机制

福利是人们各种需要得到满足以及由此感受到的愉悦程度，农民工的迁移福利是其对城市的需求以及城市满足其需求的能力之间相互作用的结果，不同行政级别城市在获取资源能力方面的差异会对农民工的迁移福利水平产生影响，进而影响农民工市民化倾向。福利对农民工市民化的驱动作用已为广大学者所证实，但对农民工福利内涵的界定与水平的度量却没有一个统一的标准。本章运用阿马蒂亚·森的可行能力理论，从农民工在城市的各种功能性活动评价来衡量农民工的迁移福利状况。具体而言，主要从就业、居住、社交和心理四类功能性活动来度量农民工迁移福利。不同行政级别城市在交通地位、产业发展、教育资源、基础设施水平等方面的差异会影响城市的工作环境、居住环境、社交环境以及心理感受，进而影响农民工的就业福利、居住福利、社交福利和心理福利，这些都是驱动农民工市民化的主要因子。

6.2.2.1 城市级别、就业福利与市民化

就业是农民工在城市生存与发展的基本保障，工资收入是农民工迁移的首要驱动力，收入水平不仅是衡量农民工在城市生存与发展能力的重要指标，也是影响农民工城市认同的重要因素。收入水平高，有利于提高其在城市定居的意愿。职业技能培训、劳动合同、社会保险、工作强度等就

业福利因素也都对农民工市民化具有重要影响，职业技能培训能够提高农民工的工作能力，劳动合同、社会保险等就业保障能提高工作稳定性，这些都有利于提高农民工的就业福利，工作强度则会降低就业福利。

行政级别高的城市往往被国家赋予区域经济发展着力点与示范带头的特殊使命，也因此在产业布局、创业环境优化、招商引资等方面享有更多的资源配置便利，这些能够为农民工提供更好的就业机会和就业保障，这显然有利于提高农民工的收入水平和福利水平，从而提高农民工的市民化意愿和能力。据此，本章提出以下假说：

假说 2：城市级别越高，收入水平越高，农民工市民化意愿越强。

假说 3：城市级别越高，就业福利越高，农民工市民化意愿越强。

6.2.2.2 城市级别、居住福利与市民化

在"居者有其屋"传统观念的影响下，住房在农民工市民化诸要素中处于重要地位。作为家庭的物质载体，住房同农民工的安全感、认同感以及权利都存在广泛联系。首先，行政级别高的城市，往往行政资源、经济资源、公共资源和人力资源的集聚能力也强，进而促进人口集聚，增加了对住房的消费需求，此外，行政级别高的城市往往居民平均收入水平也越高，居民的住房购买力相对较强，提高了住房的有效需求，从而推高了城市的居住成本。高房价抑制了农民工住房购买行为，提高了居住成本，进而降低了农民工市民化意愿。其次，行政级别越高的城市，由于政策与财政资源的优势往往在基础设施建设与公共服务供给方面能够投入更多，有利于提高交通、教育、医疗等基础设施与公共服务供给的水平与效率，为农民工提供更好的居住与生活环境，这将有利于提高农民工的居住福利，进而提高农民工的市民化意愿。据此，本章提出以下假说：

假说 4：城市级别越高，居住成本越高，农民工市民化意愿越弱。

假说 5：城市级别越高，居住福利越高，农民工市民化意愿越强。

6.2.2.3 城市级别、社会融入与市民化

相对于前期主要关注收入水平，在考虑定居或落户城市时，农民工会更加重视城市融入水平。农民工的社交行为以及对城市生活、身份的心理认同都是影响市民化意愿的重要因素。当农民工在行为上与当地居民发生

社会交往、参与社区事务、履行政治权利，这表明其认可并适应了城市生活，这有助于提高在城市定居和落户的意愿。当农民工个体在心理上感觉受到公平对待、自信、与城市亲近，一方面表明其主观上对城市生活的认可和向往，另一方面也反映出其在城市的生存和生活适应程度较高，这有助于提高市民化意愿。

城市行政级别越高，农民工与城市居民在受教育程度、收入差距、社会保障制度方面的差距越大，越会扩大他们与城市居民的隔阂，影响农民工社区活动的范围和广度。行政级别越高，城市规模越大，农民工越容易集聚，与当地居民的隔离越大，这些都会给农民行为融入与心理融入造成障碍，从而影响农民工的市民化意愿。城市级别越高，流动人口占比越高，原居民与流动人口在公共资源等方面会形成一定程度的竞争，城市居民对农民工越排斥，越不利于农民工的市民化。据此，本章提出以下假说：

假说6：城市级别越高，社交福利越低，农民工市民化意愿越弱。

假说7：城市级别越高，心理福利越低，农民工市民化意愿越弱。

6.3 变量选择、研究方法与数据说明

6.3.1 变量选择

（1）城市级别：我国城市按照行政级别从上往下一般分为直辖市、副省级城市、一般省会城市、一般地级市、县级市、县城和一般建制镇。本章基于样本数据，将城市按照建制镇、县城与县级市、地级市、省会城市和直辖市五类级别进行分析。

（2）农民工市民化倾向：已有研究对农民工市民化度量的方法不一，有的采用单一指标法，用"定居意愿""落户意愿""身份认同"等指标来衡量；有的采用综合测评法，从身份转变、社会认同、政治权利获取、素质提升等多维度进行度量。本章采用单一指标法，用农民工城市定居意愿来衡量农民工市民化倾向，并采用与"定居意愿"具有同等代表性的"落户意愿"进行稳健性检验。

（3）迁移福利：基于前文分析，采用阿马蒂亚·森的可行能力理论，参考已有研究，从收入水平、就业福利、居住成本、居住福利、社交福利、心理福利六个方面对农民工迁移福利进行度量。经济收入、居住成本分别用月平均工资、月居住费用占收入的比重来度量，就业福利、社交福利、居住福利和心理福利采用公式 $welfare^i = \sum w_k^i u(x_k^i)$ 进行综合度量。式中，$welfare^i$ 表示第 i 类福利水平，$u(x_k^i)$ 是 i 类福利下的第 k 个子功能指标的标准化值，w_k^i 是第 k 个指标的权重，本章采用熵值法计算各指标的权重，具体测算方法见参考文献，在此不再赘述，各类福利的子功能指标与权重如表6.1所示。

表6.1 农民工迁移福利指标与权重

福利	子功能指标	符号	权重	福利	子功能指标	符号	权重
就业福利	单位类型	x_1^1	0.2623	居住福利	住房类型	x_1^2	0.2414
	工作强度	x_2^1	0.0999		住房位置	x_2^2	0.2580
	工作变动频率	x_3^1	0.0420		住房环境	x_3^2	0.1090
	技能培训	x_4^1	0.3224		小孩上学便利性	x_4^2	0.1143
	劳动合同签订	x_5^1	0.119		社区服务	x_5^2	0.1091
	社保购买	x_6^1	0.1543		住房保障	x_6^2	0.1682
社交福利	与本地人交往频率	x_1^3	0.1266	心理福利	城市身份认同	x_1^4	0.2005
	与本地人交往感受	x_2^3	0.1098		城市生活歧视	x_2^4	0.1171
	使用当地语言	x_3^3	0.1549		城市地位	x_3^4	0.2357
	参加社区活动频率	x_4^3	0.1876		公平待遇	x_4^4	0.1818
	参加社区选举意愿	x_5^3	0.1678		城市生活自信	x_5^4	0.1268
	小孩交往	x_6^3	0.2534		城市归属感	x_6^4	0.1381

（4）控制变量：为了控制个体特征、家庭特征和户口所在地城市特征对农民工市民化的影响，本章在实证分析中增加了这三类控制变量，其中，个体层面控制了受教育程度、出生年代；家庭层面控制了家庭人口数、家庭人口随迁情况；户口所在地层面控制了迁移距离、户口所在地经济水平。各变量描述性统计如表6.2所示。

表 6.2　变量描述性统计

变量	观测值	均值	标准差	最小值	最大值
市民化倾向					
定居意愿	739	2.120	0.844	1	3
落户意愿	739	1.913	0.826	1	3
城市级别	739	2.972	1.391	1	5
迁移福利					
收入水平	739	2.870	0.980	1	5
就业福利	739	2.563	0.672	1.33	4.42
居住成本	739	2.140	1.073	1	5
居住福利	739	2.701	0.461	1.46	4.28
社交福利	739	2.922	0.683	1.00	10.86
心理福利	739	3.039	0.755	1.00	13.43
控制变量					
出生年代	739	3.650	1.002	1	5
受教育程度	739	2.705	1.239	1	5
家庭人口数	739	3.070	0.796	1	4
家庭成员随迁	739	1.667	0.472	1	2
迁移距离	739	1.690	0.869	1	3
户口地经济	739	2.880	0.884	1	5

6.3.2　模型选择

本章的解释变量为农民工定居意愿，是农民工从可供选择的三个选项中选择最适合自己的一个，各个选项间并没有什么本质上的好与坏之分，因此，属于无序多分类变量。而且本章的解释变量大多为分类变量，还存在无序多分类变量，它们之间不存在数量上的高低之分，不可能为其给出一个独立的回归系数估计值来表示解释变量与被解释变量之间的变化关系。基于此，本章采用最优尺度回归（Categorical Regression）考察城市级别、迁移福利与农民工市民化的关系，该方法是在保证变换后各变量之间的联系成为线性的前提下，通过将分类变量不同取值进行量化处理，从而将分类变量转换为数值进行统计分析。本章的基准回归模型如式（6.1）

所示：

$$Citizenization_i = \alpha_i Rank_i + \sum \beta_i p_i + \sum \gamma_i f_i + \sum \delta_i g_i + \varepsilon_i \quad (6.1)$$

式中，$Citizenization_i$ 是农民工市民化倾向，$Rank_i$ 是核心解释变量城市级别，p_i、f_i、g_i 分别是控制变量个体特征、家庭特征和户口地特征，α_i、β_i、γ_i、δ_i 是系数，ε_i 为误差项。

6.3.3 数据说明

本章实证分析所使用的数据来自于课题组 2017 年 12 月至 2018 年 4 月在湖南、浙江、贵州、重庆的实地问卷调查。该问卷调查的目的旨在了解农民工务工现状与市民化意愿，以便研究城市级别、迁移福利和农民工市民化倾向之间的关系。在数据的获取方式上按照随机抽样原则，在东部、西部、中部分别选择 1 个代表省，每个省选择省会城市以及 1 个地级市、1 个县城或县级市、1 个建制镇作为调查地点，在每个城市的商业区发放 50 份调查问卷，直辖市选取重庆作为调查对象，发放问卷 150 份，总共获得问卷 782 份，其中，有效问卷 739 份，其中，小城镇 151 份、县城与县级市 144 份，地级市 147 份，省会城市 169 份，直辖市 128 份。

6.4 实证分析

6.4.1 城市级别对农民工市民化的影响

6.4.1.1 基准回归结果

回归结果显示，基准回归模型的 R^2 为 0.212，模拟的拟合效果尚可，ANOVA 分析的 Sig. 值远小于 0.05，模型具有统计学意义。模型的容差指数显示，模型中各变量的容差指数都在 0.8 以上，而且转换后的容差都有所提高，可认为变量间不存在多重共线性，进一步说明了拟合方程的有效性。表 6.3 的结果进一步显示，不管是否控制个体特征、家庭特征或者流出地特征，城市级别系数始终在 5% 的水平上显著为正。城市级别转换图（见图 6.1）进一步表明，城市级别与农民工定居意愿呈倒"U"形关系，具体来说，在县级市/县城务工的农民工的定居意愿最强，其次是地级市，而且两者差别较小，在直辖市务工的农民工的定居意愿最弱，建制镇次之。各控制变量对农民工市民化倾向都有显著影响，其中，家庭成员随迁和受教育程度的影响最大。

表 6.3 基准回归结果

变量	被解释变量：农民工城市定居意愿						
	模型 1 (1)	模型 2 (2)	模型 3 (3)	模型 4 (4)	模型 5 (5)	模型 6 (6)	模型 7 (7)
城市级别	0.180** (0.036)	0.168*** (0.032)	0.160*** (0.033)	0.154*** (0.036)	0.138*** (0.034)	0.130*** (0.033)	0.107*** (0.033)
出生年代		0.233*** (0.033)	0.123*** (0.038)	0.122*** (0.038)	0.140*** (0.039)	0.147*** (0.039)	0.151*** (0.040)
受教育程度			0.223*** (0.039)	0.209*** (0.039)	0.224*** (0.039)	0.217*** (0.039)	0.195*** (0.038)
家庭人口数				-0.112** (0.043)	-0.109** (0.043)	-0.109*** (0.042)	-0.107*** (0.034)
家庭成员随迁					0.239*** (0.035)	0.240*** (0.036)	0.259*** (0.036)
户口地经济						132*** (0.033)	0.121*** (0.036)
迁移距离							0.136*** (0.037)
观测值	739	739	739	739	739	739	739

注：① *、**、*** 分别表示在10%、5%、1%水平上显著；②括号内为标准误差（下同）。

6.4.1.2 稳健性检验

为提高回归分析的准确性，本章变换衡量市民化意愿的变量对基准回归模型进行稳健性检验。在我国当前的制度下，城市户口是市民化的主要标志，在问卷设定中，我们设计了与被解释变量同质的"是否愿意在城市落户"变量，用其替代基准模型中的"是否愿意在城市定居"变量进行最优尺度回归，既可以验证模型的稳健性，还可以进一步判断问卷数据的真

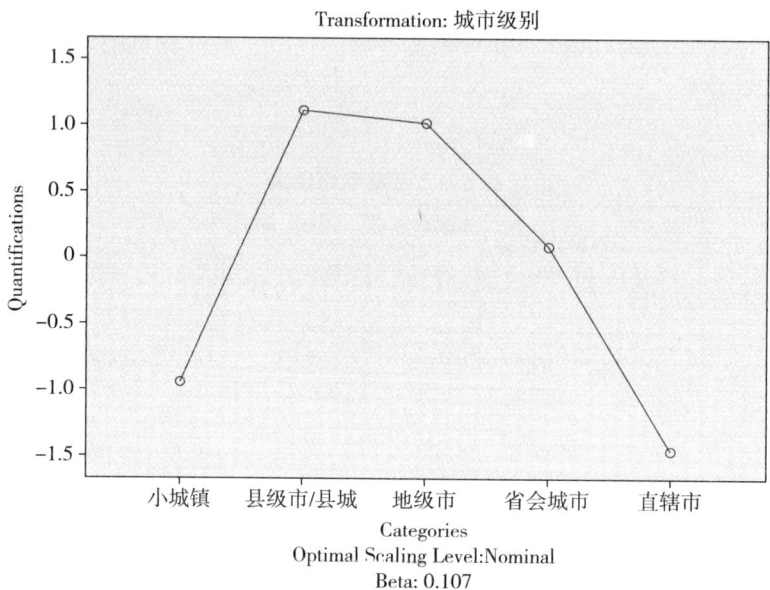

图 6.1 城市级别转换（定居意愿）

实性。表 6.4 中列出了最优尺度回归的估计结果，可以看出，核心解释变量"城市级别"的系数符号和显著性水平与基准模型基本保持一致，而且都在 1% 的水平上显著，表明基准模型回归结果是稳健的。

表 6.4 稳健性检验最优尺度回归估计结果

变量	被解释变量	
	定居意愿	落户意愿
城市级别	0.107*** （0.033）	0.132*** （0.037）
出生年代	0.151*** （0.040）	−0.090*** （0.035）
受教育程度	0.195*** （0.038）	0.270*** （0.046）
家庭人口数	−0.107*** （0.034）	0.081*** （0.034）
家庭成员随迁	0.259*** （0.036）	0.158*** （0.041）
户口地经济	0.121*** （0.036）	0.091*** （0.032）
迁移距离	0.136*** （0.037）	−0.047* （0.030）
观测值	739	739

6.4.2 城市级别影响农民工市民化倾向的机制分析

上述分析证实,城市级别对农民工市民化倾向有显著影响,那么城市级别是通过哪些渠道影响农民工市民化倾向的呢?本章运用中介变量法分析城市级别影响农民工市民化倾向的机制。

中介效应检验有因果逐步回归检验、Sobel 检验、Bootstrap 检验、Iacobucci 检验等多种检验方法(温忠麟等,2004),考虑到因变量、自变量和中介变量的分类变量特点,本文采用 Iacobucci 检验法对迁移福利的中介效应进行检验。具体方法是:在城市级别对农民工市民化倾向影响显著的基础上,进行以下步骤:①估计城市级别对中介变量的回归系数(a)及其标准误(S_a);②在基准回归模型中引入中介变量,估计中介变量对农民工定居意愿的回归系数(b)及其标准误(S_b);③用回归系数 a、b 以及标准误 S_a 和 S_b 计算中介效应 Z 统计值 $Z_{Mediation}$;④比较 $Z_{Mediation}$ 与临界值±1.96 的大小,如果在 0.05 显著水平下,$|Z_{Mediation}|$ 大于 1.96,则认为中介变量的中介效应显著。计算公式如下:

$$Z_{Mediation} = \frac{a}{s_a} \times \frac{b}{s_b} \Big/ \sqrt{\left(\frac{a}{s_a}\right)^2 + \left(\frac{b}{s_b}\right)^2 + 1}$$

为了估计城市级别对迁移福利以及迁移福利对定居意愿的参数,建立以下两个回归模型:

$$Welfare_i = \alpha Rank_i + \sum \beta_k p_{ki} + \sum \gamma_j f_{ji} + \sum \delta_l g_{li} + \varepsilon_i \tag{6.2}$$

$$Citizenization_i = \alpha Rank_i + \beta Welfare_i + \sum \beta_k p_{ki} + \sum \gamma_j f_{ji} + \sum \delta_l g_{li} + \varepsilon_i \tag{6.3}$$

式中,$Welfare_i$ 是中介变量迁移福利,回归模型(6.2)中的 a、回归模型(6.3)中的 b 分别是城市级别对迁移福利、迁移福利对定居意愿的标准化估计系数,其他变量与基准回归模型(6.1)中的一样。

接下来,本章采用 Iacobucci 检验,对收入水平、就业福利、居住成本、居住福利、社交福利、心理福利在城市级别影响农民工市民化倾向中的中介效应进行实证检验。

6.4.2.1 城市级别、就业福利与市民化

收入水平与就业福利的中介效应回归结果如表 6.5 所示。列(2)结果显示,在控制个体特征、家庭特征和户口地特征后,城市级别对收入水

平的影响显著为正，结合城市级别转换图（见图 6.2），整体而言，城市级别与收入水平呈正相关关系，城市级别越高收入水平越高，地级市、省会城市与直辖市的差别不大。列（3）结果显示，城市级别与收入水平对市民化倾向的影响都显著为正，而且，控制收入水平后，城市级别对农民工定居意愿的影响由原来的 0.107 下降为 0.103。利用列（2）和列（3）中的回归模型参数计算出收入水平的 $Z_{Mediation}$ 值为 2.536，大于 1.96 的临界值，因此，在 5% 的显著水平下，收入水平的中介效应显著，中介效应大小为 $a \times b = 0.021$。可见，城市级别通过提升农民工收入水平提高了农民工市民化意愿，假说 2 得到验证。

表 6.5 收入水平与就业福利的中介效应检验

变量	基准回归 (1)	收入水平		就业福利	
		回归 2 (2)	回归 3 (3)	回归 2 (4)	回归 3 (5)
收入水平			0.106*** (0.034)		
就业福利					0.095*** (0.037)
城市级别	0.107*** (0.033)	0.197*** (0.043)	0.103*** (0.034)	0.041* (0.027)	0.098*** (0.032)
出生年代	0.151*** (0.040)	0.193*** (0.080)	0.146*** (0.040)	0.135*** (0.033)	-0.155*** (0.040)
受教育程度	0.195*** (0.038)	-0.079 (0.093)	0.191*** (0.040)	-0.369*** (0.042)	0.163*** (0.041)
家庭人口数	-0.107*** (0.034)	-0.039 (0.063)	-0.097** (0.049)	-0.110*** (0.033)	0.092* (0.049)
家庭成员随迁	0.259*** (0.036)	0.111** (0.043)	0.248 (0.034)	-0.009 (0.024)	-0.254*** (0.034)
户口地经济	0.121*** (0.036)	0.130*** (0.043)	0.042 (0.097)	-0.060 (0.030)	0.035 (0.090)
迁移距离	0.136*** (0.037)	0.053 (0.041)	0.149*** (0.037)	-0.097*** (0.034)	0.139*** (0.036)
Iacobucci Test ($Z_{Mediation}$)		2.536		1.239	
观测值	739	739	739	739	739

6 农民工市民化影响因素实证分析

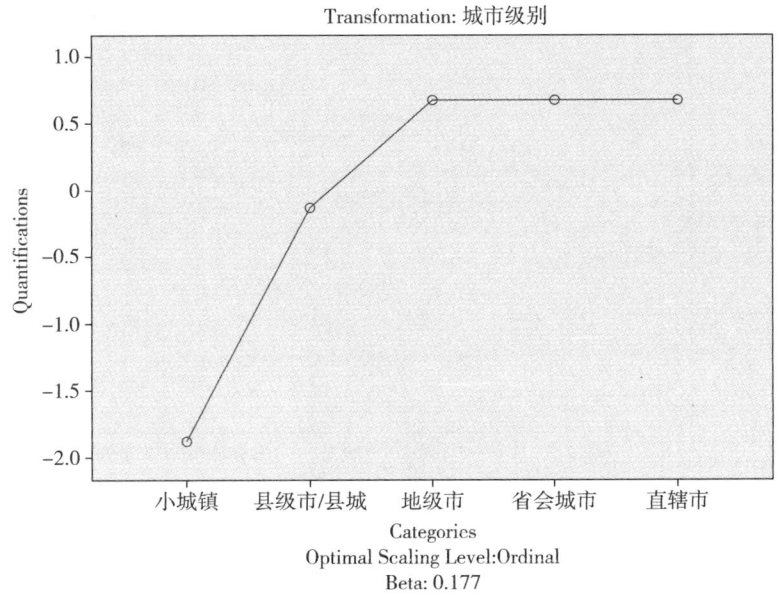

图 6.2 城市级别转换（收入水平）

列（3）结果显示，在控制个体特征、家庭特征和户口地特征后，城市级别对就业福利的影响显著，结合城市级别转换图（见图 6.3），城市级别与就业福利呈正相关关系，城市级别越高就业福利越高，省会城市与直辖市的差别不大。列（5）结果显示，城市级别与就业福利对农民工定居意愿的影响都显著为正，而且，控制就业福利后，城市级别对农民工定居意愿的影响由原来的 0.107 下降为 0.098，就业福利作为中介变量的间接效应为 0.009。利用列（4）和列（5）中的回归模型参数计算出收入水平的 $Z_{Mediation}$ 值为 1.239，小于 1.96 的临界值，因此，在 5% 的显著水平下，就业福利的中介效应不显著。综上，城市级别对就业福利以及就业福利对农民工定居意愿的正向关系得到了验证，但就业福利的中介效应并不显著。

6.4.2.2 城市级别、居住福利与市民化

居住成本与居住福利的中介效应回归结果如表 6.6 所示。列（2）结果显示，在控制个体特征、家庭特征和户口地特征后，城市级别对居住成本的影响显著为正，结合城市级别转换图（见图 6.4），整体而言，城市级

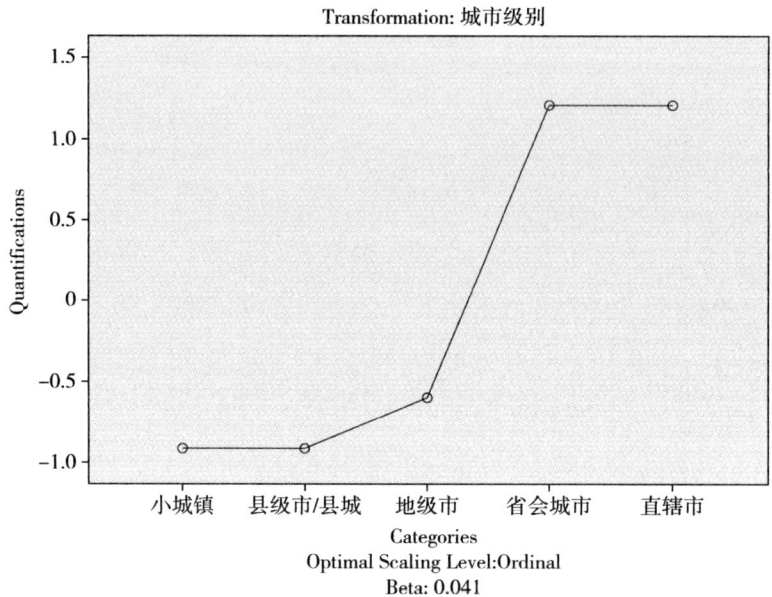

图 6.3 城市级别转换（就业福利）

别与居住成本呈"U"形关系，与假说 4 的正相关关系不相符合，究其原因，可能是因为本章的居住成本是用住房支出占收入的比重来衡量的，行政级别越高的城市，住房绝对成本越高，同时，行政级别越高的城市收入水平也越高，从而导致住房相对成本与城市级别之间没有呈现正相关关系。列（3）结果显示，控制居住成本后，城市级别对农民工定居意愿的影响依然显著，而居住成本对农民工定居意愿的影响在 10% 的水平下才显著，而且影响较小。利用列（2）和列（3）中的回归模型参数计算出居住成本的 $Z_{Mediation}$ 值为 1.489，小于 1.96 的临界值，因此，在 5% 的显著水平下，居住成本的中介效应不显著。

表 6.6 居住成本与居住福利的中介效应检验

变量	居住成本				居住福利	
	基准回归 （1）	回归 2 （2）	回归 3 （3）	回归 2 （4）	回归 3 （5）	
居住成本			0.091* (0.053)			

续表

变量	居住成本			居住福利	
	基准回归(1)	回归2(2)	回归3(3)	回归2(4)	回归3(5)
居住福利					0.166*** (0.036)
城市级别	0.107*** (0.033)	0.142*** (0.041)	0.108*** (0.033)	0.118*** (0.037)	0.111*** (0.034)
出生年代	0.151*** (0.040)	0.083 (0.075)	0.149*** (0.038)	-0.148*** (0.040)	0.167*** (0.039)
受教育程度	0.195*** (0.038)	-0.136** (0.064)	0.193*** (0.039)	0.189*** (0.046)	0.175*** (0.040)
家庭人口数	-0.107*** (0.034)	-0.103 (0.089)	-0.100** (0.045)	0.010 (0.058)	-0.103** (0.043)
家庭成员随迁	0.259*** (0.036)	0.002 (0.045)	0.254*** (0.035)	0.115*** (0.037)	0.237*** (0.035)
户口地经济	0.121*** (0.036)	0.090 (0.095)	0.044 (0.088)	0.106*** (0.037)	0.022 (0.091)
迁移距离	0.136*** (0.037)	0.012 (0.034)	0.138*** (0.037)	0.058** (0.032)	-0.156*** (0.037)
Iacobucci Test ($Z_{Mediation}$)		1.489		2.582	
观测值	739	739	739	739	739

列（4）结果显示，在控制个体特征、家庭特征和户口地特征后，城市级别对居住福利的影响显著为正，结合城市级别转换图（见图6.5），城市级别的提高促进了农民工的居住福利，省会城市与直辖市的居住福利差异很小。列（5）结果显示，城市级别与居住福利对农民工定居意愿的影响都在1%的水平下显著为正。利用列（4）和列（5）中的回归模型参数计算居住福利的 $Z_{Mediation}$ 值为2.582，大于1.96的临界值，因此，在5%的显著水平下，居住福利的中介效应显著，中介效应大小为 $a \times b = 0.02$。可见，城市级别通过提升农民工居住福利提高了农民工城市定居意愿，假说5得到验证。

6.4.2.3 城市级别、心理福利与市民化

社交福利与心理福利的中介效应回归结果如表6.7所示。列（2）结果显示，在控制个体特征、家庭特征和户口地特征后，城市级别对社交福

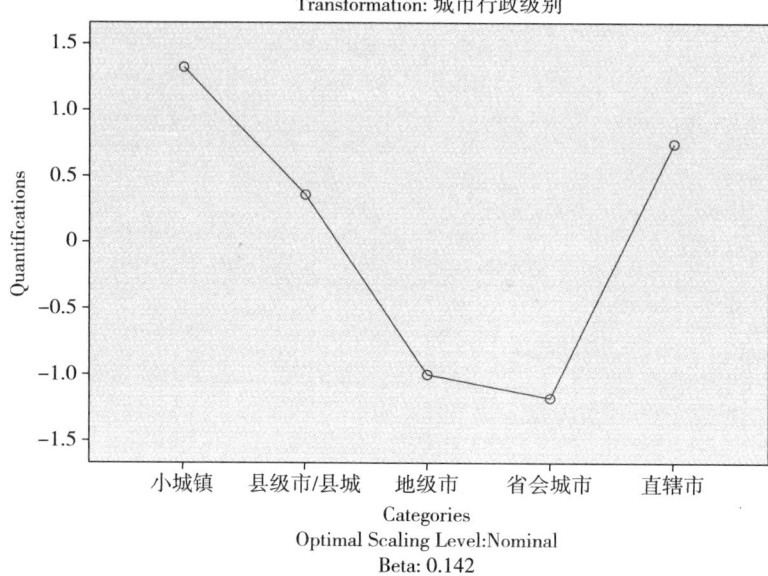

图 6.4 城市级别转换（居住成本）

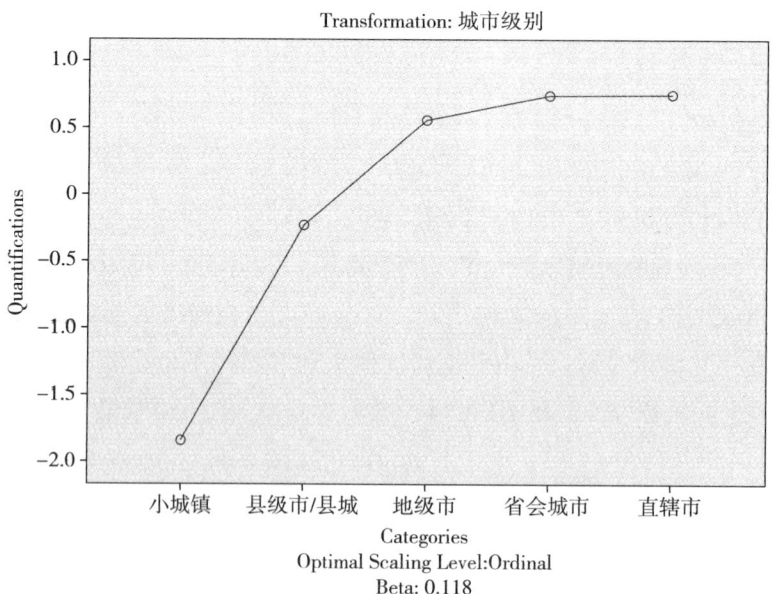

图 6.5 城市级别转换（居住福利）

6 农民工市民化影响因素实证分析

利的影响显著为正。结合城市级别转换图（见图6.6），整体而言，城市级别较低的小城镇、县城与县级市的社交福利较高，而地级市、省会城市和直辖市的社交福利较低。列（3）结果显示，城市级别与社交福利对农民工定居意愿的影响都显著为正，而且，控制社交福利后，城市级别对农民工定居意愿的影响由原来的0.107下降为0.100，社交福利作为中介变量的间接效应为0.007。利用列（2）和列（3）中的回归模型参数计算社交福利的 $Z_{Mediation}$ 值为2.953，大于1.96的临界值，因此，在5%的显著水平下，社交福利的中介效应显著，中介效应大小为 $a \times b = 0.021$。综上，城市级别的提高降低了农民工社交福利进而降低了农民工城市定居意愿，假说6得到验证。

表6.7 社交福利与心理福利的中介效应检验

变量	社交福利			心理福利	
	基准回归（1）	回归2（2）	回归3（3）	回归2（4）	回归3（5）
社交福利			0.149*** (0.035)		
心理福利					0.109*** (0.036)
城市级别	0.107*** (0.033)	0.139*** (0.033)	0.100*** (0.035)	-0.114*** (0.034)	0.097*** (0.032)
出生年代	0.151*** (0.040)	-0.121 (0.088)	0.161*** (0.039)	-0.097* (0.065)	0.155*** (0.039)
受教育程度	0.195*** (0.038)	0.256*** (0.049)	0.158*** (0.040)	0.283*** (0.046)	0.170*** (0.041)
家庭人口数	-0.107*** (0.034)	-0.071 (0.053)	-0.100* (0.054)	-0.041 (0.066)	-0.104** (0.046)
家庭成员随迁	0.259*** (0.036)	0.071** (0.035)	0.245*** (0.034)	0.028 (0.028)	0.252*** (0.034)
户口地经济	0.121*** (0.036)	0.124*** (0.035)	0.025 (0.084)	0.084* (0.039)	0.034 (0.085)
迁移距离	0.136*** (0.037)	0.110*** (0.037)	0.139*** (0.037)	-0.039 (0.030)	-0.148*** (0.038)
Iacobucci Test ($Z_{Mediation}$)		2.953		2.194	
观测值	739	739	739	739	739

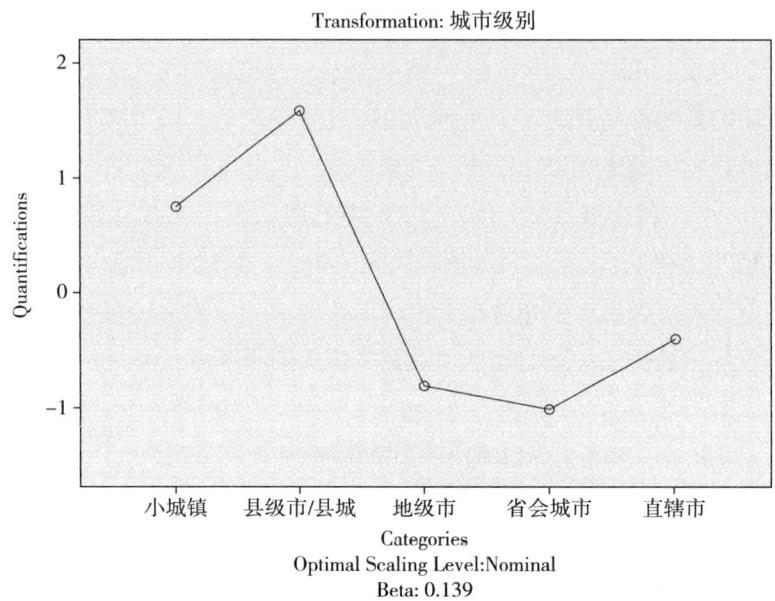

图6.6 城市级别转换（社交福利）

列（4）结果显示，在控制个体特征、家庭特征和户口地特征后，城市级别对心理福利的影响显著为负，结合城市级别转换图（见图6.7），城市级别与心理福利呈负相关关系，城市级别较低的小城镇、县城与县级市的社交福利相差不大，在高位的直辖市与省会城市的社交福利也相差不大。列（5）结果显示，城市级别与心理福利对农民工定居意愿的影响都显著为正，而且，控制心理福利后，城市级别对农民工定居意愿的影响由原来的0.107下降为0.097，心理福利作为中介变量的间接效应为0.01。利用列（4）和列（5）中的回归模型参数计算心理福利的$Z_{Mediation}$值为2.194，大于1.96的临界值，因此，在5%的显著水平下，心理福利的中介效应显著，中介效应大小为$a \times b = 0.012$。综上，城市级别的提高降低了农民工心理福利进而降低了农民工城市定居意愿，假说7得到验证。

6 农民工市民化影响因素实证分析

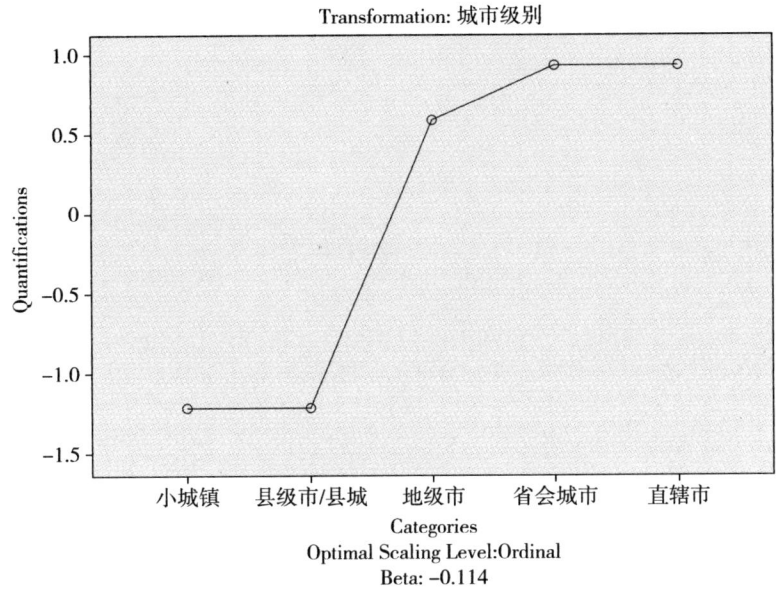

图 6.7 城市级别转换（心理福利）

6.5 实证结论

本章基于全国调查数据，基于迁移福利的中介变量，分析了城市级别对农民工市民化倾向的影响，结果发现：农民工定居意愿与城市级别呈现倒"U"形关系，在县城或县级市务工的农民工的定居意愿最强，其次是地级市和省会城市，在直辖市务工的农民工的定居意愿最弱，建制镇次之。城市级别主要通过收入水平、居住福利、社交福利和心理福利等渠道影响农民工市民化倾向，就业福利和居住成本的中介效应不显著。

7

城市住房对农民工城市融入的影响

7.1 居住福利与农民工城市融入关系理论分析

住房具有经济价值、使用价值和象征价值，经济价值体现在财富与权利方面，使用价值体现在居住生活方面，象征价值体现在社会阶层认同方面（胡书芝、刘桂生，2012）。住房是影响农民工城市融入的重要因素，首先，从经济价值和象征价值来看，住房是家庭重要的财富标志，住房产权和住房面积、市值等因素已经成为衡量个人或家庭经济能力和成就的重要物质载体。而且，在我国"居者有其屋"传统观念的影响下，住房还是一种符号性、地位性消费活动，是社会地位和身份的重要象征（Frank，1985），对农民工城市"市民"身份的认同、社会互动的产生具有重要的影响。因此，拥有住房产权、住房品质越高的农民工越拥有财富和心理双重优势。不管是财务效应带来的生活质量提高和资产增值，还是心理效应带来的优越感都有利于他们产生更高的社会阶层认同和更积极的城市互动参与意愿，从而越有利于融入城市。其次，从住房的使用价值来看，作为家庭最重要的物质载体，住房不仅是日常生存的物质空间，也是个体间交往的微观载体。在住房的功能由单一的提供安全庇护向提供起居、休闲和娱乐等功能延伸的情况下，居住的稳定性和居住空间环境对农民工在城市新社会关系的形成过程具有重要影响。稳定、舒适、便捷的住房条件有助于他们与其他主体产生社会联结，创造更多的城市互动机会，从而有利于他们在城市的行为融入。

本章基于前面几章的理论分析，分别基于2013年中国综合社会调查的数据（CGSS 2013）和湘、黔、浙、渝四地的调查问卷数据，运用OLS方法和结构方程模型，实证研究城市住房消费、居住福利对农民工城市融入的影响。

7.2 实证1：住房消费对农民工城市融入的影响

7.2.1 模型设定、变量测算与数据说明

7.2.1.1 模型设定

本章选用多元回归模型考察住房消费对农民工城市融入的影响。其中选取的主要变量包括：农民工城市融入度（$integration_i$），即第i个农民工的城市融入度，通过运用模糊综合评价方法测算而得。用住房产权属性（pro_i）和住房面积（are_i）来反映住房消费水平（$consumption_i$）。在模型中控制了性别（sex_i）、年龄（age_i）、婚姻状况（mar_i）、受教育程度（edu_i）、工资收入（inc_i）、所在地区（reg_i）等反映个人特征（$personal_i$）的变量。本章的回归模型如式（7.1）所示：

$$integration_i = c_i + \alpha_i consumption_i + \beta_i personal_i + u_i \qquad (7.1)$$

式中，c_i是常数项，α_i、β_i分别是住房消费$consumption_i$和个人特征$personal_i$等各解释变量的回归系数，u_i是随机误差项。本章使用OLS方法对式（7.1）进行估计。

7.2.1.2 变量测算

（1）因变量的测算。

本章在已有研究的基础上，结合社会融入过程与衡量标准，借鉴模糊集理论（Fuzzy Set Theory），运用隶属度函数（Membership Function）和多层次综合评价方法对农民工城市融入度进行测算，具体测算过程如下：

1）城市融入指标构建与赋值。基于第2章的理论分析和概念界定，本章从心理融入与行为融入两个方面衡量城市融入，其中行为融入用社交习惯、社交程度、权利行使和社交对象四个指标来衡量，心理融入用自我认同、社会公平、信任度和幸福度四个指标来衡量。在此基础上，根据问卷对每个指标进行赋值，如表7.1所示。

7 城市住房对农民工城市融入的影响

表7.1 因变量赋值及统计性描述

分类	指标	赋值	均值	标准差
行为融入	与邻居进行社交娱乐活动的频繁程度	从来不=0；一年1次或更少=1；一年几次=2；一个月1次=3；一个月几次=4；一周1~2次=5；几乎每天=6	2.81	2.009
	与其他朋友进行社交娱乐活动的频繁程度	从来不=0；一年1次或更少=1；一年几次=2；一个月1次=3；一个月几次=4；一周1~2次=5；几乎每天=6	3.23	1.599
	居委会选举是否参加投票	是=1；否=0	0.25	0.434
	以下说法是否符合您的生活习惯：周末或得闲的时候，我常常与他人一起玩	很不符合=1；不太符合=2；较符合=3；很符合=4	1.96	0.859
心理融入	您认为自己属于其中的哪一个群体：城里人或乡下人	城里人=1；乡下人=0	0.18	0.384
	总的来说，您觉得您的生活是否幸福	非常不幸福=1；比较不幸福=2；说不上幸福不幸福=3；比较幸福=4；非常幸福=5	3.71	0.799
	总的来说，您认为当今社会公不公平	完全不公平=1；比较不公平=2；说不上公平也不能说不公平=3；比较公平=4；完全公平=5	2.84	1.018
	一般来说，您对现在社会上的陌生人是否信任	非常不信任=1；不信任=2；一般=3；信任=4；非常信任=5	2.60	0.873

2）隶属度测算。在对指标赋值后，运用隶属度函数对各个指标的赋值 x_{ij} 进行标准化处理，得到各个指标的隶属度。隶属度函数如式（7.2）所示：

$$u(x_{ij}) = \begin{cases} 0 & x_{ij} = min(x_{ij}) \\ \dfrac{x_{ij} - min(x_{ij})}{max(x_{ij}) - min(x_{ij})} & min(x_{ij}) < x_{ij} < max(x_{ij}) \\ 1 & x_{ij} = max(x_{ij}) \end{cases} \quad (7.2)$$

式中，$u(x_{ij})$ 是第 i 个样本的第 j 个指标的隶属度，x_{ij} 是第 i 个样本的第 j 个指标的原始赋值。

3) 城市融入的测算。考虑到农民工城市融入的多层次特点，本章采用多层次综合评价方法测评农民工城市融入。先对"行为融入""心理融入"两类因素分别进行综合测算，设 x_{ij} 在自己所属分类中的权重为 a_{ij}，则第 k 类因素的城市融入度可表示为 $integration_{ik} = \sum u(x_{ij}) a_{ij}$。继续假定第 k 类因素在整体因素中的权重为 w_k，按同样的方法可测算出第 i 个样本的城市融入度总得分为 $integration_i = \sum w_k integration_{ik}$。模糊综合评价方法中确定权重的方法很多，为测算方便，本章采用算术平均法，即 $a_{ij}=\{1/4\}$，$w_k=\{1/2\}$。因此，农民工城市融入度的测算公式可表述为式 (7.3)：

$$integration_i = (\sum_{j=1}^{8} u(x_{ij})/4)/2 \qquad (7.3)$$

(2) 自变量的测算。

1) 住房产权的测算。住房产权（pro_i）是农民工是否融入城市社会的重要考察指标之一，通过现在居住的房屋产权归属状况可以区分出被访者的住房是购买的还是租赁的。该变量通过问卷中的多选项问题"您现在这座房子的产权（或部分产权）属于谁"来反映，取值包括"自己所有""配偶所有""父母所有""配偶父母所有""子女所有""子女配偶所有""家人/亲戚以外的人或单位所有""其他情况"几种情况。对其进行合理归并后，本书把住房产权归属情况分为"有产权"和"无产权"两种情况，自己产权和配偶产权归于（有产权），其他的都归于"无产权"，具体赋值如表 7.2 所示。

表 7.2 自变量赋值与统计性描述

自变量	赋值	均值	标准差
住房消费			
住房产权	有产权 =1；无产权 =0	0.3926	0.48857
住房面积	">60" =4；"40~59" =3；"20~39" =2；"<20" =1	2.11	0.994

续表

自变量	赋值	均值	标准差
控制变量			
性别	男=1；女=0	0.61	0.488
年龄/类型	老一代农民工=0；新生代农民工=1	0.3715	0.48344
婚姻状况	未婚=0；已婚=1	0.84	0.365
受教育程度	小学及以下=1；初中=2；高中/中专=3；大专及以上=4	2.27	0.922
工资收入	$lgincon_i$	7.6731	0.81976
所在地区	东部城市=1；中部城市=2；西部城市=3	1.74	0.809

2) 住房面积。住房面积（are_i）反映了农民工居住条件，本章用人均住房面积反映住房面积，通过运用问卷中的"住房的套内建筑面积"除以"居住人数"计算得到"人均住房面积"这一指标。具体赋值如表7.2所示。

3) 个人特征。年龄方面，将出生在1980年以前的归为"老一代农民工"，1980年及以后出生的归为"新生代农民工"。所在地区方面，根据国家行政区域划分标准，把北京、天津、河北、辽宁、上海、江苏、浙江、福建、山东、广东、海南归为"东部地区"，黑龙江、吉林、山西、安徽、江西、河南、湖北、湖南归为"中部地区"；四川、重庆、贵州、云南、西藏、陕西、甘肃、青海、宁夏、新疆、广西、内蒙古归为"西部地区"，具体赋值如表7.2所示。工资收入用月工资收入取对数"$lgincon_i$"来测算。

7.2.1.3 数据说明

本章所使用的数据来自于2013年中国综合社会调查（Chinese General Social Survey，CGSS）的数据。中国综合社会调查（CGSS）始于2003年，是我国最早的全国性、综合性、连续性学术调查项目。CGSS系统、全面地收集社会、社区、家庭、个人多个层次的数据，总结社会变迁的趋势，探讨具有重大科学和现实意义的议题，推动国内科学研究的开放与共享，为国际比较研究提供数据资料，充当多学科的经济与社会数据采集平台。2013年，该调查面对全国100个县（区）和北京、上海、天津、广州、深圳五个大城市的12000个人进行。本章重点考察住房消费对农民工城市融入的影响，根据此研究目的，本章以"农村户口""城市工作"为标准，从中提取了1652

个样本作为研究对象。经过数据清理,共获得 996 个有效观测样本。

7.2.2 实证分析

7.2.2.1 住房消费对农民工城市融入的影响

本章运用 SPSS 19.0 分析软件对农民工城市融入的影响因素进行估计,表 7.3 是住房消费对农民工城市融入影响的 OLS 回归结果。模型 Durbin-Watson 统计量为 1.981,可以认为残差项间无自我相关。回归模型中变异量显著检验的 F 值为 14.78,显著性检验 P 值为 0.000,小于 0.05 的显著水平,表示回归模型整体解释变异量达到显著水平。对模型进行了多重共线性检验,从 VIF 和 condition index 来看,最大的 VIF 值为 1.55,在可接受的范围内,条件索引也没有大于 30 的,所以模型不存在多重共线性问题。根据表 7.3 的估计结果,进一步分析如下:

表 7.3 住房消费对农民工城市融入影响 OLS 方法计量回归结果

变量	标准化系数	t	Sig.	共线性统计量	
				容差	VIF
住房消费					
住房产权	0.233***	6.852	0.000	0.783	1.277
人均居住面积	0.119***	3.762	0.000	0.909	1.100
控制变量					
性别	0.018	0.570	0.569	0.918	1.096
年龄/类型	0.030	0.810	0.418	0.645	1.550
婚姻状况	0.089**	2.469	0.014	0.694	1.441
受教育程度	0.106***	3.079	0.002	0.769	1.300
工资收入	0.172**	2.127	0.034	0.781	1.281
所在地区(对照组:东部城市)					
中部城市	0.039	1.248	0.212	0.916	1.091
西部城市	0.018	1.155	0.314	0.897	1.112
常数项		3.659	0.000		
调整后的 R^2	0.147				

注:***、**、* 分别表示在 1%、5% 和 10% 的统计水平上显著。

7 城市住房对农民工城市融入的影响

在住房消费变量影响方面,回归结果显示,农民工的住房消费与城市融入呈现显著正向关联,即消费层次越高(有产权、居住面积大),城市融入度越高。具体而言,住房产权与城市融入的关联度最大,相对于在城市没有产权住房的农民工,拥有产权住房的农民工的城市融入水平要高23.3%,这跟我国传统的"居者有其屋"观念有关,也和住房附加的医疗、教育、公共服务各种权利的享有有关。居住面积增加1个单位,农民工城市融入水平提高11.9%,居住面积既是生活质量的体现,也反映了农民工经济实力,人均居住面积越大,农民工城市融入的意愿和能力也越强,融入度也就越高。

在控制变量方面,回归结果显示,农民工的性别、年龄和地区对城市融入度的影响均不显著。受教育程度、工资收入的对数分别在1%和5%的水平上与农民工城市融入呈显著正相关,受教育水平提高一个等级,城市融入水平提高10.6%,工资收入水平增加1%,农民工城市融入水平提高0.172个单位,这是因为,受教育程度和工资收入越高,其在城市定居的能力越强,适应城市生活的能力也越强,从而越能促进城市融入。婚姻状况在5%的统计水平上与农民工城市融入显著正相关,不过影响力度相对较小,相对于未婚的农民工,已婚农民工的城市融入水平要高8.9%。

7.2.2.2 住房消费对不同类型农民工城市融入影响的差异性

为了进一步了解住房消费对农民工城市融入影响的差异性,本章从代际和婚姻状况两个分类标准对不同类型农民工的城市融入进行了探索,实证结果如表7.4所示。

表7.4 住房消费对不同类别农民工城市融入影响OLS方法计量回归结果

模型	代际		婚姻状况	
	新生代	老一代	已婚	未婚
住房消费				
住房产权	0.145***	0.246***	0.230***	0.226***
人均居住面积	0.144***	0.105**	0.184**	0.114***
控制变量				
性别	0.030	0.012	0.024	-0.032

续表

模型	代际		婚姻状况	
	新生代	老一代	已婚	未婚
年龄/类型	—	—	0.025	0.067
婚姻状况	0.163***	0.030	—	—
受教育程度	0.150***	0.071*	0.091**	0.169*
工资收入	0.115*	0.101**	0.107**	0.088*
所在地区（对照组：东部城市）				
中部城市	0.039	0.042	0.039	0.056
西部城市	0.024	0.032	0.031	0.049
调整后的 R^2	0.133	0.146	0.157	0.174

注：***、**、*分别表示在1%、5%和10%的统计水平上显著。

在代际比较方面，回归结果显示，住房产权和人均住房面积与城市融入均在1%的水平上显著正向关联。住房产权对老一代和新生代农民工城市融入的标准化影响系数分别为0.145、0.246，说明老一代农民工的城市融入受住房产权的影响大于新生代。也就是说，老一代农民工在城市融入过程中更在乎是否拥有自有产权的住房。这是因为，老一代农民工受年龄限制，在就业上并无优势，外出务工的机会成本在增加，他们会把稳定看得更重要，"居者有其屋"思想对其城市融入和定居意愿的影响也会更大，因此他们会比新生代农民工更看重是否拥有自有产权的住房。住房面积对老一代和新生代农民工城市融入的标准化影响系数分别为0.144、0.105，表明新生代农民工的城市融入受住房面积的影响大于老一代农民工，也就是说，新生代农民工更看重住房的空间大小。控制变量方面，性别因素和地区因素对新生代和老一代农民工城市融入的影响都不显著，婚姻状况对新生代农民工城市融入具有显著的正向影响，对老一代农民工的影响则不显著，受教育程度和工资收入对新生代和老一代农民工城市融入的影响都显著。

在婚姻状况比较方面，回归结果显示，住房产权和人均住房面积与城市融入均在1%的水平上显著正向关联，住房产权对已婚和未婚农民工城市融入的标准化影响系数分别为0.230和0.226，住房面积对已婚和未婚农民工城市融入的标准化影响系数分别为0.184和0.114，表明已婚农民工的城市融入受住房产权和人均居住面积的影响都大于未婚农民工，说明已婚农民工在城市融入过程中对住房消费的质量比未婚农民工更重视。这是因为，已婚农民工的城市融入和定居意愿的评价或决策主要是基于家庭，日常生活策略、小孩教育和社会保障等都与住房相关联，因此，他们会比未婚农民工更看重住房的产权和住房面积。控制变量方面，性别因素、年龄因素和地区因素对已婚和未婚农民工城市融入的影响都不显著，受教育程度和工资收入对已婚和未婚农民工城市融入的影响都在5%或者10%的水平上显著为正，其中，未婚农民工的受教育程度对城市融入的影响大于已婚农民工（影响系数分别为0.169和0.091），已婚农民工的工资收入对城市融入的影响大于未婚农民工（影响系数分别为0.107和0.088），说明已婚农民工在城市融入过程中更看重工资收入。

7.2.3 实证结论

本章从行为融入和心理融入两个维度运用模糊集理论构建了一个综合性的农民工城市融入评价指标体系，基于CGSS 2013数据，运用OLS回归实证分析了城市住房消费对农民工城市融入的影响及其差异性。研究发现，住房消费对农民工城市融入有促进作用，农民工住房消费层次越高，即有产权、居住面积大，城市融入度越高。农民工的受教育程度、工资收入、婚姻状况与农民工城市融入具有显著的相关性，性别、年龄和地区对城市融入度的影响不显著。住房消费对城市融入的影响在不同群体间呈现出差异性，其中，在影响城市融入的住房消费中，老一代农民工比新生代农民工更重视住房产权，而新生代农民工更看重住房面积；已婚农民工比未婚农民工更重视住房产权和住房面积。

7.3 实证2：居住福利对农民工城市融入的影响

7.3.1 实证模型构建

7.3.1.1 数据来源

本章实证分析所使用的数据来自于课题组2017年12月至2018年4月

在湖南、浙江、贵州、重庆的实地问卷调查数据的一部分。该项调查的对象是在城市务工 6 个月以上的农民工，在数据的获取方式上按照随机抽样原则，在东部、西部、中部分别选择 1 个代表省，每个省选择省会城市以及若干地级市、县城或县级市和建制镇作为调查地点，直辖市选取重庆作为调查对象，获得问卷 782 份。其后，根据研究需要，补充发放 150 份问卷，收回 105 份，两阶段总共获得问卷 887 份，有效问卷 843 份。样本在湖南、浙江、贵州、重庆的分布比例分别是 33.57%、25.74%、26.45% 和 14.23%。

7.3.1.2 变量选择与测度

（1）城市融入。基于前文分析，本章从主观意识和客观行为两个层面把农民工城市融入界定为心理融入和行为融入两个维度，两者是城市融入的不同表现形式，其中，心理融入主要指农民工对流入地城市、自身身份的认同以及与城市居民互动的心理感受，属于城市融入的主观维度，本章参考任远（2010）、陆万军等（2018）等学者的研究，通过城市身份认同、城市归属感等五个观测变量进行测度。行为融入是指农民工对流入地城市行为规范和习俗的认可与遵从以及与城市居民的互动情况，属于城市融入的客观维度，本章参考任远（2010）、杨菊芳（2009）等学者的研究，通过与本地人交往情况、社区活动参与情况等五个观测变量进行测度。

（2）居住福利。基于前面的理论分析，本章借鉴阿马蒂亚·森的可行能力理论，从权益性福利和功能性福利两个方面测度农民工居住福利。具体而言，参考方福前和吕文慧（2009）等学者的做法，运用住房性质、住房区位、住房面积、住房成本四个变量测量农民工权益性居住福利。使用农民工对城市居住条件的满意度评价来测量功能性居住福利，具体包括对房屋质量、物业管理、交通便利性、购物便利性、上学便利性五个方面居住条件的满意度评价。

各观测变量的赋值及标准化后的统计性描述如表 7.5 所示，各观测变量的偏度绝对值都小于 1，峰度绝对值都小于 5，可以认为各变量符合正态分布。为检验观测变量的鉴别力，进一步对六个潜变量的观测变量进行独立性 t 检验，所有变量都显著通过，表示所有观测变量都具有鉴别力，变量的选取与测度可接受。

表 7.5 变量构成与描述性统计

潜变量	观测变量	赋值	统计性描述	
			Mean	Std. Dev
权益性居住福利	住房性质	自购房=4；租房=3；单位供房=2；其他=1	3.0035	0.9659
	住房面积	大户型=3；中户型=2；小户型=1	2.3741	1.0128
	住房区位	市中心=4；靠近市中心=3；远离市中心=2；郊区=1	3.0549	0.9958
	住房成本	住房开支占月收入的比重：50%以上=3；20%~50%=2；20%以下=1	2.3514	0.8116
功能性居住福利	房屋质量满意度	1~5级	2.9835	0.7622
	物业管理满意度	1~5级	3.0470	0.7897
	交通便利性满意度	1~5级	3.0811	0.7431
	购物便利性满意度	1~5级	3.0176	0.8122
	上学便利性满意度	1~5级	3.0893	0.8024
行为融入	与本地人交往频率	1~5级	2.9506	0.7498
	与本地人交往融洽度	1~5级	3.0411	0.6924
	主动向本地人求助	1~5级	2.9248	0.7508
	参加社区活动频率	1~5级	3.0940	0.6915
心理融入	城市身份认同程度	1~5级	2.8942	0.7280
	与当地人地位相同	1~5级	3.0505	0.7458
	城里生活归属感	1~5级	2.9976	0.7129
	城里生活公平待遇	1~5级	3.0388	0.7176
	城市生活自信度	1~5级	3.0200	0.7659

7.3.1.3 结构方程模型的构建

居住福利与城市融入都无法用单一指标来直接衡量，其数量特征需由多个指标来综合反映，采用传统的联立方程组模型进行量化分析会存在测量误差。基于此，本章采用结构方程模型（Structural Equation Modeling，SEM）来检验居住福利与城市融入之间的关系。结构方程模型不仅能对难以直接观测到的潜变量提供一个可以观测和处理的方式，还能同时处理多个因变量的交互关系，且允许自变量和因变量含有测量误差，正好可以解决上述问题。本章基于前文理论假设，设定如下测量方程和结构方程：

$$\begin{pmatrix} x_1 \\ x_2 \\ x_3 \\ x_4 \\ x_5 \\ x_6 \\ x_7 \\ x_8 \\ x_9 \end{pmatrix} = \begin{pmatrix} 1 & 0 \\ \lambda_{21}^{(x)} & 0 \\ \lambda_{31}^{(x)} & 0 \\ \lambda_{41}^{(x)} & 0 \\ 0 & 1 \\ 0 & \lambda_{62}^{(x)} \\ 0 & \lambda_{72}^{(x)} \\ 0 & \lambda_{82}^{(x)} \\ 0 & \lambda_{92}^{(x)} \end{pmatrix} \begin{pmatrix} \xi_1 \\ \xi_2 \end{pmatrix} + \begin{pmatrix} \delta_1 \\ \delta_2 \\ \delta_3 \\ \delta_4 \\ \delta_5 \\ \delta_6 \\ \delta_7 \\ \delta_8 \\ \delta_9 \end{pmatrix} \quad (7.4)$$

$$\begin{pmatrix} y_1 \\ y_2 \\ y_3 \\ y_4 \\ y_5 \\ y_6 \\ y_7 \\ y_8 \\ y_9 \end{pmatrix} = \begin{pmatrix} 1 & 0 \\ \lambda_{21}^{(y)} & 0 \\ \lambda_{31}^{(y)} & 0 \\ \lambda_{41}^{(y)} & 0 \\ 0 & 1 \\ 0 & \lambda_{62}^{(y)} \\ 0 & \lambda_{72}^{(y)} \\ 0 & \lambda_{82}^{(y)} \\ 0 & \lambda_{92}^{(y)} \end{pmatrix} \begin{pmatrix} \eta_1 \\ \eta_2 \end{pmatrix} + \begin{pmatrix} \varepsilon_1 \\ \varepsilon_2 \\ \varepsilon_3 \\ \varepsilon_4 \\ \varepsilon_5 \\ \varepsilon_6 \\ \varepsilon_7 \\ \varepsilon_8 \\ \varepsilon_9 \end{pmatrix} \quad (7.5)$$

$$\begin{pmatrix} \eta_1 \\ \eta_2 \end{pmatrix} = \begin{pmatrix} \gamma_{11} & \gamma_{12} \\ \gamma_{21} & \gamma_{22} \end{pmatrix} \begin{pmatrix} \xi_1 \\ \xi_2 \end{pmatrix} + \begin{pmatrix} \zeta_1 \\ \zeta_2 \end{pmatrix} \quad (7.6)$$

式（7.4）和式（7.5）分别为自变量和因变量测量模型，ξ_i 和 η_i 分别为外生和内生潜变量向量，x_{ij} 和 y_{ij} 是它们的观测向量，$\lambda_{ij}^{(x)}$ 和 $\lambda_{ij}^{(y)}$ 为待估参数，δ_i 和 ε_i 为测量方程的测量误差。式（7.6）是结构方程，λ_{ij} 是反

映外生潜变量 ξ_i 对内生潜变量 η_i 影响的待估参数，ζ_i 是结构方程的测量误差向量。

7.3.2 实证结果分析

7.3.2.1 测量模型分析

（1）因子分析。

本章选用主成分法，以特征根值大于 1 为抽取标准，最大方差法旋转进行探索性因子分析，结果显示，问卷的总体 KMO 值为 89.7%，通过了 Bartlett's 球形度检验（P<0.000），累计方差贡献率为 63.2%，表明对该问卷数据进行因子分析是合适的。因子分析所提取的因子与研究的四个因子相对应。

（2）信度效度检验。

1）信度检验。运用 Cronbach's α 信度系数对问卷和问卷中的每个潜变量的信度分别进行检验，表 7.6 结果显示，各潜变量中，除权益性居住福利（Fun_Wel）外，其他潜变量的 Cronbach's α 值均在 70% 以上。根据一般的检验标准，测量工具的 Cronbach's α 值最好高于 0.7，但当变量所含题项小于 6 个时，Cronbach's α 值大于 50% 也表明数据质量可靠。因此，权益性居住福利（Fun_Wel）在所含测项为 4 个的前提下达到 64.2% 的 Cronbach's α 值可以接受。而且问卷总的 Cronbach's α 值达到了 81.2%，每个变量的 Item-Total Correlation 值都大于 0.4，Cronbach's Alpha if Item Deleted 值都小于各自构念的 Cronbach's α 值，综上，表明本问卷各变量所含题项具有良好的信度。

2）收敛效度检验。进一步运用 AMOS 软件对概念模型中的四个构念进行验证性因子分析（CFA），表 7.6 结果显示，所有构念的标准化负荷量（STD）都在 0.60~0.90，且都显著，四个构念的组成信度（CR）都在 0.80 以上，平均变异数萃取量（AVE）都在 0.50 以上，各指标都符合 STD 大于 0.5、CR 大于 0.6、AVE 大于 0.5 的评价标准（Hair et al., 2009），因此，本模型四个构念具有较好的收敛效度，表明观测变量能较好地反映潜变量，指标的有效性与可靠性可接受。

表 7.6 信度与收敛效度检验结果

潜变量	观测变量	信度检验			收敛效度检验			
		α	I-TC	AI-D	STD	P	CR	AVE
权益性居住福利 (Fun_Wel)	Fw1	0.642	0.525	0.451	0.617		0.804	0.509
	Fw2		0.519	0.504	0.685	***		
	Fw3		0.481	0.341	0.751	***		
	Fw4		0.415	0.479	0.788	***		
功能性居住福利 (Uti_Wel)	Uw1	0.835	0.651	0.798	0.756		0.863	0.560
	Uw2		0.728	0.761	0.731	***		
	Uw3		0.664	0.791	0.809	***		
	Uw4		0.618	0.811	0.782	***		
	Uw5		0.639	0.765	0.653	***		
行为融入 (Beh_Inte)	BI1	0.806	0.643	0.746	0.819		0.867	0.620
	BI2		0.707	0.717	0.848	***		
	BI3		0.603	0.766	0.735	***		
	BI4		0.539	0.794	0.742	***		
心理融入 (Psy_Inte)	PI1	0.844	0.651	0.812	0.749		0.847	0.526
	PI2		0.634	0.817	0.694	***		
	PI3		0.666	0.808	0.722	***		
	PI4		0.633	0.817	0.726	***		
	PI5		0.669	0.808	0.734	***		

3) 区别效度检验。区别效度分析是验证不同构念间在统计上是否有差异，常见的区别效度估计方法有信赖区间法、AVE 法、相关系数设定法等，由于本章每个构念之间的标准化系数都小于 0.7，适合采用 AVE 法进行区别效度检验。AVE 法认为，如果每个构念的 AVE 值都大于该构念与其他构念的皮尔森相关系数，则认为测量模型中所有的构念间具有区别效度。表 7.7 为皮尔森相关系数矩阵，对角线上的数字是相应构念的 AVE 值的平方根，非对角线上的值为各个构念间的皮尔森相关系数，通过比较分析，对角线上所有值都要大于水平和垂直线上的皮尔森相关系数值，因此，可以认为本章的四个构念间具有较好的区别效度。

7 城市住房对农民工城市融入的影响

表7.7 区别效度的AVE法检验结果

	Fun_Wel	Uti_Wel	Beh_Inte	Psy_Inte
Fun_Wel	0.713			
Uti_Wel	0.289	0.748		
Beh_Inte	0.273	0.622	0.787	
Psy_Inte	0.249	0.581	0.675	0.725

7.3.2.2 结构模型分析

（1）居住福利对农民工城市融入的影响。

1）模型拟合度分析。本章采用渐进自由无干扰的加权最小二乘法（ADF）对模型的参数分别进行估计。模型估计的配适度指标如表7.8所示，χ^2/df值为1.509，小于2的临界值，RMSEA为0.025，小于0.03，拟合优度指数GFI、AGFI都在0.9以上，说明模型拟合较好。相对拟合指数CFI、IFI也都在0.9以上，也表明模型具有较好的拟合效果。综合来看，模型的各项配适度指标都符合SEM的拟合要求，模型可接受。

表7.8 模型拟合度指标

GOF Criterion	Acceptable Level	Model Measurements
χ^2/df	<2	1.509
RMSEA	<0.05	0.025
MRM	<0.08	0.005
GFI	>0.9	0.995
AGFI	>0.9	0.993
CFI	>0.9	0.921
IFI	>0.9	0.925
AIC	0.687	284.108

2）影响路径分析。结构模型的估计结果（见表7.9）显示，权益性居住福利对行为融入的影响没有通过显著性检验，对心理融入的影响在1%的水平上显著为正，权益性居住福利每提高1个单位，心理融入能够提高

0.134 个单位。说明农民工在住房方面已取得的客观成就（例如，房屋面积的大小、管理水平的高低、配套设施的配备等）越高，越有助于其在心理层面融入城市，但是并没有促进其在行为层面的融入。可能的原因是，在我国传统住房观念下，对农民工而言，住房的象征价值要远大于使用价值，住房对其心理层面的影响要远大于行为层面。功能性居住福利对行为融入和心理融入的影响系数均在1%的水平上显著为正，说明农民工对城市住房质量、环境以及配套设施的主观评价越高，越有利于对城市产生积极的感情，也有利于产生更多的社会联结，从而越有利于他们融入城市。具体而言，农民工功能性居住福利每提高1个单位，农民工城市行为融入和心理融入分别提高 0.637 个和 0.599 个单位。

表 7.9 城市融入模型估计结果

Model Path			USTD	STD	S. E.	t-value	P
Beh_Inte	<---	Fun_Wel	0.005	0.027	0.008	0.670	0.503
Psy_Inte	<---	Fun_Wel	0.023	0.134	0.008	2.991	0.003
Beh_Inte	<---	Util_Wel	0.635	0.637	0.061	10.388	***
Psy_Inte	<---	Util_Wel	0.523	0.599	0.056	9.356	***

(2) 居住福利对农民工城市融入影响的差异分析。

1) 代际差异。老一代和新生代农民工模型估计结果（见表 7.10）显示，两模型的各项配适度指标都符合 SEM 的拟合要求，模型均可接受。估计参数显示，对老一代和新生代农民工而言，主观居住福利对行为融入和心理融入的影响都在1%或5%的水平上显著为正，客观居住福利对心理融入的影响显著，而对心理融入的影响不显著。两个模型的估计结果与前文的分析结论一致，进一步说明本章模型的可靠性。

进一步比较发现，在影响作用的大小上，老一代农民工的权益性居住福利对城市融入的影响大于新生代，权益性居住福利侧重于衡量住房性质、住房面积、小区档次等与权利和地位相关的功能。说明老一代农民工更看重住房的经济价值与象征价值。新生代农民工的功能性居住福利对城市融入的影响大于老一代，由于功能性居住福利主要侧重于衡量居住环境及交通、教育、购物等衍生功能,说明新生代农民工更看重住房的使用价值。

表 7.10 城市融入模型估计结果

Model Path			老一代（模型2）		新生代（模型3）	
			STD	P-value	STD	P-value
Beh_Inte	<---	Fun_Wel	0.138	0.0341	-0.005	0.361
Psy_Inte	<---	Fun_Wel	0.217	***	0.120	0.037
Beh_Inte	<---	Util_Wel	0.405	***	0.684	***
Psy_Inte	<---	Util_Wel	0.465	***	0.561	***
χ^2/df			1.537		1.871	
RMSEA			0.034		0.047	
样本			453		390	

2）城际差异。进一步分析居住福利对农民工城市融入的影响在不同等级城市之间的差别,由于样本量的限制,本章把直辖市和省会城市合并到一起分析,估计结果如表 7.11 所示,三个模型的各项配适度指标都符合 SEM 的拟合要求,模型均可接受。估计参数显示,在三个模型中,权益性居住福利对行为融入的影响没有通过显著性检验,权益性居住福利对心理融入以及功能性福利对行为融入和心理融入的影响都在1%、5%或者10%的水平上显著为正。估计结果与前面三个模型的结论基本一致,进一步说明本章理论模型的可靠性。

表 7.11 城市融入模型估计结果

Model Path			直辖市与省会（模型4）		一般地级市（模型5）		县城与县级市（模型6）	
			STD	P-value	STD	P-value	STD	P-value
Beh_Inte	<---	Fun_Wel	0.046	0.546	0.008	0.946	-0.182	0.145
Psy_Inte	<---	Fun_Wel	0.239	0.007	0.162	0.094	0.105	0.045
Beh_Inte	<---	Util_Wel	0.660	***	0.646	***	0.484	***

续表

Model path			直辖市与省会（模型4）		一般地级市（模型5）		县城与县级市（模型6）	
			STD	P-value	STD	P-value	STD	P-value
Psy_Inte	<---	Util_Wel	0.421	***	0.636	***	0.389	***
χ^2/df			1.604		1.526		1.604	
RMSEA			0.048		0.044		0.046	
样本			266		209		253	

进一步比较发现，在影响作用的大小上，居住福利对城市融入的影响与城市级别相关，城市级别越大，居住福利对城市融入的影响也越大。可能的原因是，一方面，行政级别越高的城市往往房价也越高，住房的财富效应和心理效应更加突出，从而使得权益性居住福利对城市融入的作用更大；另一方面，城市的行政级别越高，农民工与当地居民在居住条件方面的差距会越大，这使得城市级别越高的城市，居住福利对农民工城市融入的边际效用越大。

7.3.3 实证结论

本章借鉴社会行动理论从行为互动和心理互动两个层面把城市融入分为行为融入和心理融入两个维度，借鉴可行能力理论从住房的经济价值、使用价值两个方面把居住福利分为功能性居住福利和权益性居住福利，进而从理论上梳理了居住福利与城市融入的关系。在此基础上，基于全国调查样本数据，运用结构方程模型对居住福利对农民工城市融入的影响进行实证检验，并对居住福利与城市融入的关系在代际、城际间的差异进行了比较分析。

研究结果显示：①功能性居住福利对农民工在城市的行为融入和心理融入都在1%的水平具有显著正向影响，农民工功能性居住福利提高1个单位，农民工城市行为融入和心理融入分别提高0.637个和0.599个单位；②权益性居住福利对农民工行为融入的影响没有通过显著性检验，对心理融入的影响在1%的水平上显著为正，权益性居住福利每提高1个单位，心理融入能够提高0.134个单位；③居住福利对农民工城市融入的影响存在代际与城际差异。在代际方面，老一代农民工的权益性居住福利对城市融入的影响大于新生代农民工，而新生代农民工的功能性居住福利对城市融入的影响大于老一代农民工。在城际方面，居住福利对城市融入的影响作用大小与城市级别相关，城市级别越大，居住福利对城市融入的影响也越大。

8

促进农民工城市融入的住房政策与措施

8 促进农民工城市融入的住房政策与措施

8.1 政策启示

农民工城市融入及其城市住房问题的解决是一个长期而复杂的系统工程，既受农民工个体和家庭特征、经济条件等微观因素的影响，又与迁入城市的经济发展阶段、社会文化特征、住房保障制度等宏观因素有关。因此，农民工城市融入及其城市住房问题的解决不能一蹴而就，需要长期规划，分阶段、分步骤地循序推进，在发展的过程中不断化解农民工城市住房问题，实现其融入城市和市民化的目标。"住有所居""住有宜居"是农民工城市融入的首要条件，因此，切实解决农民工城市住房问题，保障他们在城市的居住福利，才能实现融入城市的目标。前面几章的理论与实证分析为化解农民工城市住房问题和促进农民工城市融入提供了以下思路和政策启示。

（1）增加农民工对城市住房的可及性和改善农民工住房条件对促进农民工城市融入至关重要。基于农民工支付能力低和城市房价高的现状，政府应该在化解农民工城市住房问题中发挥主导作用。具体而言，政府应该在观念上和顶层设计上重视农民工城市住房问题，通过制定和完善各项住房保障制度，分阶段、有序地把农民工纳入城市住房保障体系，增加针对农民工城市公共住房的有效供给。同时，通过政策优惠，积极引导和鼓励用工单位和社会其他主体增加针对农民工的住房供给，拓宽农民工城市住房供给来源。

（2）基于市场在农民工城市住房供给上的失灵，以及当前以政府为主建设运营保障性住房既面临政府财政资金压力，又存在经营管理能力与经验欠缺等问题，如何动员社会力量、充分发挥市场与政府各自优势，是实现保障性住房可持续发展运营要解决的重要问题，也是化解农民工城市住房问题的关键之所在。可借鉴荷兰、英国、瑞典等国家非营利机构资源配置的经验，在政府与市场之外探索第三方资源配置力量，有序推动住房合作社等非营利机构的发展，建立由政府规划和监管，独立非营利机构"住房合作社""住房协会"以市场化方式提供和管理保障性住房的发展模式。

（3）基于居住福利对农民工城市融入影响的城际差异，在化解农民工城市住房问题和促进农民工城市融入路径选择上，不同城市应因地制宜，不能搞"一刀切"。不同等级城市的功能定位、经济发展水平、人口承载能力等有所不同，城镇化发展特点和要求也存在一定的差异，因此，在解决农民工城市住房问题和促进农民工市民化的制度设计中，应充分考虑城市间的这种差异性。基于我国当前"以城市群为主体、中小城市和小城镇协调发展"的新型城镇化战略，可通过住房政策，引导和鼓励农民工在中小城镇定居和发展。

（4）相对于住房产权、住房面积和住房区位等权益性居住福利，功能性居住福利对农民工城市融入的影响更大。因此，在促进农民工城市融入的住房政策上，还应关注农民工住房的质量、治安、卫生等基础居住条件以及交通、购物、教育等衍生条件的改善。政府可通过发挥城市规划空间资源配置作用，将保障性住房建设纳入城市规划强制性内容体系，通过构建适度混居的居住模式、合理布局公共交通等基础设施、科学设计住房结构与功能、创新物业管理机制等措施提高保障性住房的居住福利。同时，在市场化供房方面，基于农民工低支付能力的现实，今后一个相当长的时期，城市低端住房租赁市场仍然是解决农民工住房问题的一个重要途径。政府要加强租房标准建设和监管，保证出租屋的质量符合基本的居住、生活、卫生和安全条件，切实提升农民工的住房品质。

8.2 对策与建议

根据前几章的理论与实证分析结果，结合农民工城市住房现状和问题，以实现农民工城市融入和市民化为目标，提出解决城市住房问题和促进农民工城市融入的对策与建议。

8.2.1 多渠道改善农民工住房条件

8.2.1.1 强化政府的主导作用

农民工城市住房问题关乎整个社会的公平与和谐稳定，属于公共产品

8 促进农民工城市融入的住房政策与措施

的范畴,单靠市场化的手段难以解决,需要政府的有效介入。纵观国外城市化进程中农村转移人口的城市住房保障实践,都体现了"政府保障和私人自济并重"的显著特征。在农民工支付能力有限、城市住房需求大和城市有效住房供给不足的情况下,政府应该在化解农民工城市住房问题中发挥主导作用。首先,政府应该在观念上和顶层设计上重视农民工城市住房问题,作为新型劳动力大军中的重要一部分,农民工的城市住房和城市融入问题关系到新型城镇化推进的速度与质量,也关系到广大家庭的福祉以及社会的稳定。政府要把长期在城市就业与生活的农民工居住问题纳入城市住宅建设发展规划,通过制定和完善各项住房保障制度,增加针对农民工的城镇公共住房的有效供给,同时,积极引导和鼓励用工单位和其他主体增加农民工城市住房供给。例如,对于为农民工提供租赁住房的业主或机构,给予一定的税收减免;对兴建农民工公寓的个人和机构,鼓励金融机构提供低息长期银行贷款或公积金贷款。加强对住房保障制度实施的监管,完善部门联动机制,化解基础信息审核难题,根除错配、骗保和退出难问题。同时,优化保障性住房申报流程,提高申报效率,提高农民工参与保障性住房的积极性。

8.2.1.2 落实企业的社会责任

2007 年出台的《关于改善农民工居住条件的指导意见》和 2014 年发布的《国务院关于进一步做好为农民工服务工作的意见》都将用工单位视为改善农民工居住情况的责任主体,强调企业需要履行相应社会责任。用工单位应该认真履行主体责任,可以采取无偿提供、廉价租赁等方式向农民工提供居住场所。农民工自行安排居住场所的,用工单位应当给予一定的住房租金补助,可在劳动合同中予以明确。招用农民工较多的企业,应充分利用自有职工宿舍或通过租赁、购置等方式筹集农民工住房房源,在符合规划的前提下,可在依法取得的企业用地范围内建设农民工集体宿舍。农民工集中的开发区和工业园区,应按照集约用地的原则,集中建设农民工集体宿舍,由用工单位承租后向农民工提供,或由农民工直接承租,但不得按商品住房出售或出租。

8.2.1.3 发挥市场的调节功能

基于农民工低支付能力的现实,今后一段相当长的时期,城市低端住房租赁市场仍然是解决农民工住房问题的一个重要途径。针对当前我国低端租房市场发育迟滞、房源供应不足、住房品质不高的现实困境,可从以下几方面入手完善低端租房市场。首先,加大政策扶持力度,通过土地、税收等方面的优惠政策,引导市场增加低端租房的有效供应。政府可在租房建设选址、供地及相关配套设施建设方面予以支持,增强租房建设的市场激励,优化住房建设品质和空间布局,使租房供应基本上切合农民工的实际需求。在进行城中村改造的过程中,充分考虑农民工的租住需求,在改建的新房中规定一定比例的住房专门用于向农民工出租,或在原有土地上配建一定数量的农民工公寓,以该群体可承受的较低租金出租。此外,还应充分挖掘城市闲置住房资源的利用效率,鼓励和引导城市和城乡接合部居民利用自有住房向农民工出租。其次,要规范租房市场管理,加强对租房市场的法制化调节和租房标准建设。加强现有民间出租屋的管理和监督,建立完善的出租屋信息,充分掌握出租房供给状况,保证出租屋的质量符合基本的居住、卫生和安全条件,切实提升农民工的住房品质;完善房屋租赁合同,建立房屋租赁纠纷的协调和解决机制,保护业主和租赁者权益。最后,政府应努力搭建农民工城市租房的信息发布平台,低价或免费向他们提供租房信息服务,减少因信息不对称带来的搜寻房源的中间成本,增加其租房的选择空间。促进租房资源的合理配置,提高住房有效利用率,增加农民工对城市住房的可及性。

8.2.2 把农民工纳入城市住房保障体系

推进农民工融入城市、市民化是新型城镇化发展的根本要求,加上他们低收入和支付能力低的特征,将农民工纳入城市住房保障体系是必然趋势。因此,在城市财力可承受的限度内,逐步推动城市廉租房、经济适用房、住房公积金等住房保障项目向农民工开放,增加农民工对城市住房的可及性,是化解农民工城市住房问题的重要措施。

8.2.2.1 完善农民工住房保障体系

一方面,将农民工看作城市居民的一部分,将解决农民工住房问题看作解决城市低收入家庭住房困难工作的组成部分，逐步将已在城市稳定就业并居住一定年限以上、住房困难的农民工家庭纳入政府廉租住房和经济适用房享受范围。由于农民工能承受的租金水平很低，必须建立适合农民工特点的经济租用房。鼓励各地比照廉租房政策，在农民工集中的开发区和工业园区、城中村改造、城乡接合部建设相对集中的农民工公寓，鼓励将废旧厂房改造为农民工公寓。放宽中小城市和城镇户籍限制，鼓励符合条件的农民工逐步在家乡的城镇落户，并纳入本地城镇住房保障体系。另一方面，应大力发展以公租房为主的保障性住房，增加包括农民工在内的低收入群体城市住房的有效供给。国外城市化进程中转移人口住房保障实践表明，在城市化发展的初期阶段，城市新增流动人口的住房主要依靠政府兴建保障性住房，并以低租金出租的方式解决。应以"住房公建"来弥补低收入群体住房支付能力的不足，集中社会资源增加对农民工家庭的住房供给，保障转移人口市民化所需的安居住房条件。针对目前我国城市廉租房仅适用于城市低收入家庭、公共租赁房主要以城市居民为保障对象的制度障碍，应在财力增长的基础上，打破农民工城市住房和市民住房保障之间的壁垒，推动城市公共租赁房、廉租房向农民工开放，逐步将农民工纳入城市住房保障体系之中。同时政府应加大公共住房建设投资，制定城市公共住房发展规划，兴建符合农民工群体经济特点和满足其基本居住需求的保障性住房，增加对外来人口住房的有效供给。

8.2.2.2 完善农民工住房公积金制度

我国有部分城市制定了将农民工纳入住房公积金的制度，但在实际操作中面临不少困难。可从以下几个方面完善农民工住房公积金制度。首先，要统一认识，明确完善住房公积金制度对于农民工住房保障的重要性。完善农民工住房公积金制度是城乡一体化的一个重要方面。住房作为解决农民工市民化过程当中的一个重要环节，贷款买房越来越被农民工所接受，特别是高收入农民工，尤其希望通过公积金贷款来获得金融支持并作为支付途径。对于低收入农民工而言，应降低提取条件，让农民工能用于租房，解决其住房方面的实际问题。与之相对，让农民工也参与到住房公积金制度，扩大住房公积金的缴交范围，缴交费用也是出于同其他社会群体相比较为公平的考虑。其次，加强对农民工就业的"非正规部门"的监管，将其作为贯彻落实农民工住房公积金政策的重点。珠江三角洲地区农民工数量多，企业的经济承受能力相对较强，是实施农民工住房公积金制度的重点地区，政府要加强监管，要求农民工在与企业签订劳动合同时明确农民工的住房公积金权益。在经济欠发达地区，可以选择部分有条件的企业（如规模以上企业）作为工作重点。针对农民工工资水平低、流动性强的特点，农民工住房公积金可采取"低水平、多层次、广覆盖"的原则。一是公积金缴纳额度占工资的比例不宜过大，公积金缴纳额度的起点要低，可以灵活设计多个档次，既可减轻企业负担，又能广覆盖，对于不同经济效益的企业可在制度上明确缴纳标准，还可以用税收的优惠来调节企业缴纳的积极性。二是农民工使用住房公积金的条件要放宽，农民工使用住房公积金不一定都是购买住房，也有利于改善农民工居住条件的支出，如支付租金。

8.2.2.3 加强保障性住房的规划与管理

根据前面的实证分析可知，住房的位置、空间隔离、房屋结构与质量、交通便利性、物业管理水平等居住福利都会影响农民工的城市融入。基于此，针对农民工的保障性住房应充分考虑各种福利。政府可通过发挥城市规划空间资源配置作用，将保障性住房建设纳入城市规划强制性内容体系，从以下几个方面提高保障性住房的居住福利。

（1）构建适度混居的居住模式。社会学研究认为，混合社区是基于社会和谐的理想，混合居住模式被认为是解决不同社会阶层隔离问题，促进不同阶层居民交往的有效方法，也有利于促进中、低收入人群的就业。为使混合配建得以贯彻落实，必须实施强制性指标配建，即政府对所有用于商品房建设的地块，强制性分配保障性住房指标，通过强制手段扭转居住空间分异的趋势，促进各阶层的居住融合。对于有强制配建指标的开发商，可辅之以适当的优惠贷款利率、容积率奖励等政策，以提高企业参与保障性住房建设的积极性，为拓展政企合作开辟新的途径。

（2）合理布局保障性住房。从国外经验看，采取TOD（即"以公共交通为导向的发展"）模式，沿公共交通走廊集中安排保障性住房，有利于充分发挥公共交通的引导作用，提高出行效率，有效节约土地和能源。考虑到农民工低收入的特征，对公共交通的依赖程度较高，应综合考虑公共交通等基础设施支撑条件对土地利用强度和交通出行的作用，重点在公共交通干线和周边站点优先安排廉租住房、经济适用房和中小套型普通商品房，以有效解决居住出行、缓解交通拥堵状况。

（3）科学设计保障性住房的结构与功能。一般来说，住宅设计首先应做到功能齐全，即做到独门独套，配备卧室、起居室、厨卫等基本空间。由于保障性住房是以满足人们基本生活需要为目标，面积不易过大，户型也不宜过于复杂，一般以40平方米一居室、50平方米两居室为主要户型设计，在面积许可的前提下，可以有选择地增加生活阳台等功能空间，以提升居住质量。在功能布局及设计上，应注意功能分区合理，睡眠、活动、就餐等功能分区明确，干湿分区、动静分区，减少相互干扰；减少不必要的分摊，提高得房率；保持户型内部平面交通流线顺畅，做到无交叉无干扰，给居民一个安静的休息环境；尽量做到明厨明卫，既能节能环保，又能给业主干净舒适的居住环境。

（4）创新保障性住房物业管理机制。保障性住房的物业管理是保障性住房管理的末端环节，也是关系到住房保障最终居住效果和物业本身可持续发展的最终环节，尽管各地保障性住房物业管理模式和运行机制各异，但体现政府实施社会救济和保障，确保保障性住房的保障效果和可持续发展，是必须坚持的方向。为此，政府有必要构建系统的管理机制，在监管主体、资金配给、法律法规配套、规划设计、税收优惠等方面为保障性住房的物业管理提供系统支撑。在物业管理模式选择上，基于保障性住房的准公共产品性质，可实施以政府为主导，基于市场化资源配置机制的，以物业管理企业或专业管理企业为主要供给方的物业管理模式。具体到各种不同类型的保障性住房，由于产品性质以及住户收入水平和消费结构的差异，其物业管理模式也理应有所区别，例如，经济适用房可采用"由市场化的物业管理公司提供物业管理服务，业主支付物业服务费用"的"商业化模式"；廉租房可采用"由市场化物业管理公司提供物业管理服务，政府支付物业服务费用"的"福利化模式"；公共租赁房可采用"由市场化物业管理公司提供物业管理服务，政府对物业服务费用给予一定比例补贴"的"准商业化模式"。

8.2.3 提高农民工支付能力

由于农民工住房保障需求的特殊性和多层次差异性,单一的住房保障方式不足以解决农民工的住房问题。农民工住房问题的实质是住房支付能力的不足,提高农民工在市场上的住房支付能力是住房保障政策和解决农民工住房问题的关键。

8.2.3.1 增加人力资本积累,提高农民工城市收入水平

稳定的就业和充裕的收入来源是解决农民工住房问题和促进农民工城市融入的重要因素。首先,稳定和充裕的收入是农民工在城市生存与发展的物质基础,也是其市民化过程持续推进的物质前提。其次,稳定的就业与收入来源对增强"城市人"的身份认同感具有显著的促进作用。稳定的就业带来的经济收入及社会地位能够形成一种与当地人接近的生活方式,从而使其具备与当地人发生社会交往并参与当地社会生活的条件。此外,经济收入水平对农民工在城市的自我认同、被接纳程度都具有显著的积极影响。但是由于当前我国农民工人力资本形成和积累不足,整体技能和竞争力较差,进城务工主要进入低端的次属劳动力市场,劳动生产率和工资水平低,难以达到市民化的经济条件。再加之城乡分割的劳动力市场限制,农民工常常遭受"同工不同酬"、拖欠克扣工资、劳动保障和福利缺失等不公平待遇,进一步强化了该群体的经济弱势地位,阻碍了其市民化经济条件的形成。为此,应加大对农民工的教育和培训力度,逐步增强农民工的技能素质和人力资本存量,提高其劳动增强型技术和工资回报率,夯实其市民化的经济基础,为城市输送合格的高素质新市民提供制度支撑。与此同时,应大力消除劳动力市场领域的户籍歧视,建立城乡统一的劳动力市场和平等就业制度,切实保障农民工的劳动权益,优化其市民化的市场环境。

8.2.3.2 增加住房补贴,提高农民工住房支付能力

农民工群体中有巨大的房地产市场,提高对农民工的住房补贴,既可以提高农民工城市住房的可及性和改善居住条件,又有利于城市房地产市场规范化运作,促进城市房地产市场的健康运行。具体来说,基于市场价

8 促进农民工城市融入的住房政策与措施

格理论，可从需求和供给两个方面进行补贴，从市场供求两个方面提高其住房支付能力。一方面，在需求方面，政府可通过直接补贴需求主体以提高他们的住房支付能力。具体来说，政府可向农民工提供以提高他们购房或租房支付能力的货币或租房券等多种形式的住房补贴。基于不同等级城市房地产市场和制度的异质性，在具体的住房补贴形式和力度上可有所区别，对于特大和大城市可结合社会保障卡和积分卡进行管理登记，通过居住年限和积分累计分不同档次，阶梯式赋权，逐步实施租房补贴和提高补贴标准。对于中小城镇，应放开农民工购买经济适用房，使其享有购房政策性优惠或补贴。与供给方补贴相比，需求方补贴更为合适农民工流动性大的特点。另一方面，在供给方面，通过对供给方的补贴以激励市场提供更多适合农民工特点的房源。针对目前农民工以租房为主以及住房来源单一的现状，政府可在增加廉租房、公共租赁房等政策性低价房供给的基础上，通过土地优惠、税收优惠等手段引导和鼓励私人部门提供符合要求的出租房源。

8.2.3.3 盘活农村土地资源，增加农民工财产性收入

除了外出务工收入，农民增收渠道非常有限，财产性收入水平在农民收入中所占份额远远低于发达国家，因此具有较大的增长潜力。当前，我国农民财产性收入增长受限的根源在于农村土地产权制度不健全、土地流转受限，这不但不能保护农民利益，反而阻碍了农民财产性收入的提高和融资渠道的开辟，也不利于农民工的市民化。因此，深化农村土地产权制度改革，推进农村土地所有权、承包权和经营权三权分置改革，放活农村土地经营权，进一步创新土地流转制度，充分发挥市场在资源配置中的决定性作用，是增加农民工财产性收入的主要举措。可按照《中共中央 国务院关于稳步推进农村集体产权制度改革的意见》要求，全面确认农村集体经济组织成员身份，加快推进经营性资产股份合作制改革，赋予农民集体资产股份权能，发挥农村集体经济组织功能作用，多种形式发展农村集体经济，全面加强农村集体资产财务管理等。放活农村土地经营权，可以进一步增加土地流转收益。赋予农业经营主体土地经营权，让其对流转土地依法享有在一定期限内占有、使用并取得相应收益的权利。在依法保护集体所有权和农户承包权的前提下，更好地保护经营主体依流转合同取得

的土地经营权,依法保护经营主体从事农业生产所需的各项权利,能使其形成稳定的经营预期,从而使土地资源得到更有效、更合理的利用。此外,放活土地经营权,还有利于农村土地保值增值,并促进农村土地等各类产权与金融资本实现有效对接,可以对农民财富积累产生乘数效应,较快增加农民财产性收入。

9 结 论

9 结 论

9.1 主要结论

随着城镇化进程的深入，中国城镇化从速度转向深度，以人为本的城镇化成为中国城镇化现阶段的主题，其核心在于推进流动人口的城市融入。2017年全国流动人口总量为2.445亿，其中，外出农民工总量为1.718亿，显然，农民工是中国流动人口的重要部分，因此，解决农民工城市融入问题，是现阶段城镇化发展深入推进的重要内容。作为家庭的物质载体，住房不仅是日常生存的物质空间，也是个体间交往的微观载体，更同人们的安全感、认同感以及社会资源获取存在广泛联系，是影响社会融入的核心因素。农民工长期以来处在城市的边缘，难以融入城市的现况已成为学界的共识，农民工城市住房问题也日益突出。解决农民工城市住房问题，促进农民工城市融入，是新型城镇化持续、健康发展的基本要求，也是社会和谐和公平的重要体现。本书正是基于这一背景，在借鉴已有研究的基础上，立足于农民工城市融入和住房现状，以社会融合理论、社会排斥理论、公共产品理论、社会福利理论等相关理论为指导，对我国农民工城市融入过程中的住房问题进行研究，在对城市融入、市民化、农民工居住福利、农民工居住满意度等相关概念界定的基础上，理论上梳理农民工城市住房与城市融入之间的关系，并基于宏观数据和家计调查数据进行实证分析。进而结合理论与实证分析结果，提出解决农民工城市住房问题、促进农民工城市融入的对策建议。通过分析，本书得到以下结论：

（1）城市融入是流动人口的主观意识和客观行为与城市各主体以及各系统之间持续性互动的过程。城市融入包括心理融入和行为融入两个维度。其中，心理融入主要指农民工对流入地城市、自身身份的认同以及与城市居民互动的心理感受，属于城市融入的主观维度，是主体主观意识的表征。行为融入是指农民工对流入地城市行为规范和习俗的认可与遵从以及与城市居民的互动情况，属于城市融入的客观维度，是主体客观行为的表征。

（2）农民工在城市的住房条件与居住水平可用居住福利来衡量，居住福利指农民工在住房方面获得的成就，即农民工已经处于的某种居住状态，在该状态下住房的经济价值、使用价值和象征价值的实现程度。农民工城市居住福利可归纳为权益性居住福利和功能性居住福利两个方面。其中，权益性居住福利主要反映住房的经济价值及附属在其上的权益、象征价值的实现情况，可以用住房产权、住房面积、住房价格、住房地段等指标来衡量。功能性居住福利主要反映住房的居住功能及出行、购物、教育等其他衍生功能的实现情况，可以用住房质量、住房环境、住房配套设施以及出行、购物、上学便利性等指标来衡量。

（3）通过对湘、黔、浙、渝四地农民工的城市融入和住房状况进行实地调查的分析，得到了有关其城市融入状况和住房状况的基本结论。在城市融入方面，农民工整体城市融入水平不高，心理融入水平高于行为融入。城市行政级别与农民工城市融入呈现倒"U"形关系，行政级别高的直辖市和行政级别低的小城镇的农民工城市融入比较低，农民工在省会城市的融入水平最高。在住房状况方面，农民工住房稳定性较好，住房类型以租房为主，购房和享受到住房保障的比例不高，住房位置大多远离市中心。在居住满意度方面，农民工对基础功能的满意度最高，对政府保障的满意度最低，居住满意度在不同行政级别城市间存在差异。住房面积、住房位置和周边人群构成是影响农民工城市居住满意度的主要因素。

（4）农民工城市住房问题是农民工自身因素、制度因素和现有住房保障体系因素共同作用的结果。在农民工因素方面，农民工对城市住房的支付能力有限和有效需求不足、需求层次不高以及改善住房条件意愿不强等原因是农民工城市住房问题形成的直接原因。从制度因素方面来看，户籍制度和土地制度使得农民工住房保障缺失以及制约农民工资产的积累，在供需两个方面影响农民工城市住房福利。在现有住房保障体系因素方面，现有城镇住房保障体系惠及农民工的面很小，而且竞争激烈、程序复杂、管理不善，导致现有住房保障体系对农民工的住房保障作用有限。

（5）农民工城市融入和市民化影响因素的实证估计结果显示，城市异质性和农民工在城市的经济福利对其城市融入具有直接或者间接影响。其中，城市异质性通过影响农民工居住福利间接影响城市融入，居住福利对城市融入的影响最大，居住福利每增加 1 个单位，行为融入和心理融入分别增加 0.515 个单位和 0.516 个单位；就业福利对心理融入具有直接和间接影响，对行为融入只有间接影响，就业福利每增加 1 个单位，行为融入和心理融入分别增加 0.159 个和 0.257 个单位。农民工城市定居意愿与城市级别呈现倒"U"形关系，在县城或县级市务工的农民工的定居意愿最强，其次是地级市和省会城市，在直辖市务工的农民工的定居意愿最弱，小城镇次之。城市级别主要通过收入水平、居住福利、行为融入和心理融入等渠道影响农民工市民化倾向。

（6）住房消费和居住福利对城市融入影响的实证估计结果显示，城市住房在农民工城市融入过程中扮演着非常重要的角色。农民工住房消费层次越高，即有产权、居住面积大，城市融入度越高。居住福利对农民工城市融入具有积极影响，其中，功能性居住福利每提高 1 个单位，农民工城市行为融入和心理融入分别提高 0.637 个和 0.599 个单位；权益性居住福利每提高 1 个单位，心理融入能够提高 0.134 个单位。城市住房对农民工城市融入的影响存在地区与群体差异。在影响城市融入的住房消费中，老一代农民工比新生代农民工更重视住房产权，而新生代农民工更看重住房面积；已婚农民工比未婚农民工更重视住房产权和住房面积。在居住福利方面，老一代农民工的权益性居住福利对城市融入的影响大于新生代农民工，而新生代农民工的功能性居住福利对城市融入的影响大于老一代农民工。城市级别越大，居住福利对城市融入的影响也越大。

9.2 创新之处

与已有研究相比，本书在研究内容和研究方法上都具有一定的特色与创新：

（1）在研究内容上，本书基于"以人为本"新型城镇化的建设要求，运用社会行为理论、社会福利理论等对城市融入和住房福利进行重新界定，综合运用中国综合社会调查（CGSS）宏观数据和全国范围的微观田野调查数据，从农民工城市居住满意度的影响因素、农民工城市融入的影响因素、农民工市民化的影响因素以及农民工城市住房消费和居住福利对农民工城市融入的影响多个层面探索农民工城市融入过程中的住房问题。近些年国内外学者对农民工城市融入进行了大量研究，取得了丰富的成果。

但是，已有研究对农民工城市住房与城市融入关系的研究相对较少，运用全国数据进行实证分析的更少。已有研究对农民工城市融入、居住福利等概念缺乏统一界定，对这些概念内涵的理论分析重视不够。而且，在研究农民工城市住房与城市融入关系时，已有研究较少考虑农民工城市住房与城市融入在不同城市以及不同群体之间的差异。

（2）在研究方法上，本书运用理论与实证相结合的方法。一方面，通过文献分析与理论推导，构建了农民工城市融入、农民工城市居住满意度以及农民工城市居住福利指标体系，并对农民工城市住房与城市融入的关系进行了理论分析。另一方面，运用最优尺度回归、多层次模型、结构方程模型等数理与计量方法对农民工城市融入的影响因素、农民工市民化的影响因素、农民工城市居住满意度的影响因素以及居住福利对农民工城市融入的影响进行实证分析。在实证研究农民工城市住房与城市融入的关系时，国内外已有研究较少考虑变量的无序多分类特点以及回归分析的内生性问题，一般都采用多元线性回归或者 Logistic 回归分析，而且，已有研究较少考虑农民工城市住房与城市融入在空间上变异聚集性特征。基于此，本书采用了最优尺度回归分析来处理变量的无序多分类特征，采用多层次模型分析农民工城市住房与城市融入在空间上变异聚集性，采用结构方程模型实证检验农民工城市居住福利对城市融入的影响。

9.3 不足之处

本书还存在一些不足之处，有待后期进一步研究，主要表现在以下几个方面：

（1）本书对城市住房对农民工城市融入的影响进行了理论与实证研究。但是，本书侧重于基于数据的实证分析，书稿中虽有一些"理论"的内容，但大多是前人研究过的内容，理论创新不足，特色不鲜明。对于城市居住福利对农民工城市融入的影响机制没有做深入全面的研究和分析，进而难以在对策研究上提出更加具体的政策建议。

（2）本书实证分析所用数据既有来自中国综合社会调查（CGSS）的宏观数据，又有来自四个省、直辖市的微观田野调查数据。中国综合社会调查（CGSS）数据是 2013 年的，在我国新型城镇化高速推进的背景下，数据的现实有效性有所欠缺。微观田野调查数据虽然涵盖了全国中部、东部和西部以及不同行政级别，但是样本量不够大，数据的代表性有所欠缺，这些都有待在后续的研究中进行完善。

（3）本书基于理论分析，运用最优尺度回归、多层次模型、结构方程模型等数理与计量方法对农民工城市融入的影响因素、农民工市民化的影响因素、农民工城市居住满意度的影响因素以及居住福利对农民工城市融入的影响进行实证分析，但是各部分实证分析所用数据不尽相同，一定程度上会影响实证结果的代表性以及各实证之间的比较分析。

参考文献

［1］Dorvil H., Morin P., Beaulieu A., et al.. Housing as a Social Integration Factor for People Classified as Mentally Ill［J］. Housing Studies, 2005, 20（3）：497-519.

［2］杨菊华. 从隔离、选择融入到融合：流动人口社会融入问题的理论思考［J］. 人口研究, 2009, 33（1）：17-29.

［3］陆自荣. 社会融合理论的层次性与融合测量指标的层次性［J］. 社会科学战线, 2014（11）：189-197.

［4］石智雷, 朱明宝. 农民工的就业稳定性与社会融合分析［J］. 中南财经政法大学学报, 2014（3）：49-58.

［5］戚迪明, 张广胜. 空间隔离与农民工城市融入［J］. 华南农业大学学报（社会科学版）, 2017（2）：81-90.

［6］熊景维. 农民工的城市住房困境及其解决路径［J］. 城市问题, 2016（5）：98-103.

［7］贾春梅, 葛扬. 城市行政级别、资源集聚能力与房价水平差异［J］. 财经问题研究, 2015（10）：131-137.

［8］陈春, 于立, 吴娇. "人的城镇化"需解决农民工融入城市的制约因素：重庆农民工调研分析的启示［J］. 城市发展研究, 2016（7）：8-14.

［9］潘泽泉, 何倩. 居住空间、社会交往和主观地位认知：农民工身份认同研究［J］. 湖南社会科学, 2017（1）：80-87.

［10］赵晔琴, 梁翠玲. 融入与区隔：农民工的住房消费与阶层认同——基于 CGSS 2010 的数据分析［J］. 人口与发展, 2014, 20（2）：23-32.

［11］徐延辉, 邱啸. 居住空间、社会距离与农民工的身份认同［J］.

福建论坛（人文社会科学版），2017（11）：127-136.

[12] 张海东，杨城晨.住房与城市居民的阶层认同——基于北京、上海、广州的研究[J].社会学研究，2017（5）：43-67，247.

[13] 朱帅，郑永君.住房对农民幸福感的影响机制与效应——基于经济、居住和象征价值维度的实证[J].湖南农业大学学报（社会科学版），2018，19（3）：72-77.

[14] 李涛，史宇鹏，陈斌开.住房与幸福：幸福经济学视角下的中国城镇居民住房问题[J].经济研究，2011（9）：69-82.

[15] 路锦非.中国城市移民二代的社会融入测量研究——理论反思与实证检验[J].公共管理学报，2018，15（2）：82-92.

[16] 崔岩.流动人口心理层面的社会融入和身份认同问题研究[J].社会学研究，2012（5）：141-160.

[17] 韩俊强，孟颖颖.农民工城市融合：概念厘定与理论阐释[J].江西社会科学，2013（8）：209-213.

[18] 任远，乔楠.城市流动人口社会融合的过程、测量及影响因素[J].人口研究，2010，34（2）：11-20.

[19] 郭庆然，陈政，陈晓亮等.我国农民工城市融入度测度及区域差异研究——来自CHIP数据的经验分析[J].经济地理，2019，39（1）：140-148.

[20] 陈成文，孙嘉悦.社会融入：一个概念的社会学意义[J].湖南师范大学社会科学学报，2012，41（6）：66-71.

[21] 胡书芝，刘桂生.住房获得与乡城移民家庭的城市融入[J].经济地理，2012，32（4）：72-76.

[22] 方福前，吕文慧.中国城镇居民福利水平影响因素分析——基于阿马蒂亚·森的能力方法和结构方程模型[J].管理世界，2009（4）：17-26.

[23] Algan Y., Dustmann C., Glitz A., et al.. The Economic Situation of First and Second-Generation Immigrants in France, Germany and the United Kingdom [J]. Economic Journal, 2010, 120 (542): 4-30.

[24] Hamermesh D. S., Trejo S. J.. How Do Immigrants Spend Their

Time? The Process of Assimilation [J]. Journal of Population Economics, 2013, 26 (2): 507-530.

[25] 陆万军, 张彬斌. 就业类型、社会福利与流动人口城市融入——来自微观数据的经验证据 [J]. 经济学家, 2018 (8): 34-41.

[26] 陈斌开, 陈思宇. 流动的社会资本——传统宗族文化是否影响移民就业？[J]. 经济研究, 2018, 53 (3): 35-49.

[27] 万海远, 李实. 户籍歧视对城乡收入差距的影响 [J]. 经济研究, 2013 (9): 43-55.

[28] 周密, 张广胜, 杨肖丽, 李旻, 江金启, 戚迪明. 城市规模、人力资本积累与新生代农民工城市融入决定 [J]. 农业技术经济, 2015 (1): 54-63.

[29] 朱明宝, 杨云彦. 城市规模与农民工的城市融入——基于全国248个地级及以上城市的经验研究 [J]. 经济学动态, 2016 (4): 48-58.

[30] 杨金龙, 王桂玲. 失地农民城市社会融入的结构性差异及其影响因素——基于山东省的调查分析 [J]. 农业经济问题, 2017, 38 (12): 30-42.

[31] Louise Lamphere. Structuring Diversity: Ethnographic Perspectives on the New Immigration [M]. Chicago, IL: University of Chicago Press, 1992.

[32] 田明. 地方因素对流动人口城市融入的影响研究 [J]. 地理科学, 2017 (7): 34-42.

[33] Chen Y., Wang J.. Social Integration of New-generation Migrants in Shanghai China [J]. Habitat International, 2015 (49): 419-425.

[34] S. Gundert, C. Hohendanner. Active Labour Market Policies and Social Integration in Germany: Do Stefanie "One-Euro-Jobs" Improve Individuals' Sense of Social Integration? [J]. European Sociological Review, 2015, 31 (6): 780-797.

[35] Jeffrey G. Reitz. Immigrant Success in the Knowledge Economy: Institutional Change and the Immigrant Experience in Canada, 1970-1995 [J]. Journal of Social Issues, 2010, 57 (3): 579-613.

[36] Fratesi U., Percoco M.. Selective Migration, Regional Growth and Convergence: Evidence from Italy [J]. Regional Studies, 2014 (10): 1650-1668.

[37] 宋月萍, 陶椰. 融入与接纳: 互动视角下的流动人口社会融合实证研究 [J]. 人口研究, 2012, 36 (3): 38-49.

[38] 刘建娥. 乡—城移民（农民工）社会融入的实证研究——基于五大城市的调查 [J]. 人口研究, 2010, 34 (4): 62-75.

[39] 田明, 彭宇. 流动人口城市融入的空间差异——以东部沿海6个城市为例 [J]. 城市规划, 2014 (6): 9-16.

[40] 汪汇, 陈钊, 陆铭. 户籍、社会分割与信任: 来自上海的经验研究 [J]. 世界经济, 2009 (10): 81-96.

[41] 陆铭. 玻璃幕墙下的劳动力流动——制度约束、社会互动与滞后的城市化 [J]. 南方经济, 2011, 29 (6): 23-37.

[42] Todd D. Little, William A. Cunningham, et al.. To Parcel or Not to Parcel: Exploring the Question, Weighing the Merits [J]. Structural Equation Modeling a Multidisciplinary Journal, 2002, 9 (2): 151-173.

[43] Somers T. M., Nelson K., Karimi J.. Confirmatory Factor Analysis of the End-User Computing Satisfaction Instrument: Replication within an ERP Domain [J]. Decision Sciences, 2003, 34 (3): 595-621.

[44] 辜胜阻, 李睿, 曹誉波. 中国农民工市民化的二维路径选择——以户籍改革为视角 [J]. 中国人口科学, 2014 (5): 2-10.

[45] 梅建明, 袁玉洁. 农民工市民化意愿及其影响因素的实证分析——基于全国31个省、直辖市和自治区的3375份农民工调研数据 [J]. 江西财经大学学报, 2016 (1): 68-77.

[46] 陈延秋, 金晓彤. 新生代农民工市民化意愿影响因素的实证研究——基于人力资本、社会资本和心理资本的考察 [J]. 西北人口, 2014 (4): 105-111.

[47] Mark R. Rosenzweig, Oded Stark. Consumption Smoothing, Migration and Marriage: Evidence from Rural India [J]. Journal of Political Economy, 1989, 97 (4): 905-926.

[48] 熊芳. 家庭特征与农村转移人口的市民化意愿——基于湖北省406个农村转移人口及其家庭的实证分析[J]. 农村经济, 2015 (7): 116-119.

[49] 国务院发展研究中心课题组. 农民工市民化对扩大内需和经济增长的影响[J]. 经济研究, 2010 (6): 4-16.

[50] Todaro M. P.. A Model of Labor Migration and Urban Unemployment in Less Developed Countries [J]. American Economic Review, 1969, 59 (1): 138-148.

[51] 陈昭玖, 胡雯. 人力资本、地缘特征与农民工市民化意愿——基于结构方程模型的实证分析[J]. 农业技术经济, 2016 (1): 37-47.

[52] 冯英杰, 钟水映. 城市公共产品有效供给对农民工市民化的影响[J]. 云南财经大学学报, 2018, 34 (9): 92-103.

[53] 黄锟. 城乡二元制度对农民工市民化影响的实证分析[J]. 中国人口·资源与环境, 2011, 21 (3): 76-81.

[54] 刘传江, 程建林. 双重"户籍墙"对农民工市民化的影响[J]. 经济学家, 2009 (10): 66-72.

[55] 马晓河, 胡拥军. 一亿农业转移人口市民化的难题研究[J]. 农业经济问题, 2018 (4): 4-14.

[56] 李瑞, 刘超. 城市规模与农民工市民化能力[J]. 经济问题探索, 2018 (2): 75-84.

[57] 张文武, 欧习, 徐嘉婕. 城市规模、社会保障与农业转移人口市民化意愿[J]. 农业经济问题, 2018 (9): 128-139.

[58] 杨曦. 城市规模与城镇化、农民工市民化的经济效应——基于城市生产率与宜居度差异的定量分析[J]. 经济学（季刊）, 2018, 16 (4): 1601-1620.

[59] 叶俊焘, 钱文荣. 不同规模城市农民工市民化意愿及新型城镇化的路径选择[J]. 浙江社会科学, 2016 (5): 64-74.

[60] 刘雅君. 中国城市行政管理体制的回顾与反思[J]. 现代工业经济和信息化, 2012 (16): 21-24.

[61] 张毓, 孙根年. 行政级别、城市规模与旅游发展关系及演

变——以长三角地区为例 [J]. 经济地理, 2016, 36 (4): 188-194.

[62] 江艇, 孙鲲鹏, 聂辉华. 城市级别、全要素生产率和资源错配 [J]. 管理世界, 2018 (3): 38-50, 77.

[63] White, Jerry. Social Welfare and Family Law Issues and the Local Government Ombudsmen for England [J]. Journal of Social Welfare and Family Law, 2007, 29 (1): 77-86.

[64] 李海波, 尹华北. 住房消费对农民工城市融入的影响及其差异研究——基于 CGSS 2013 数据分析 [J]. 消费经济, 2018, 34 (3): 49-53, 87.

[65] 钱龙, 钱文荣. "城镇亲近度"、留城定居意愿与新生代农民工城市融入 [J]. 财贸研究, 2015 (6): 13-21.

[66] 魏后凯. 中国城市行政等级与规模增长 [J]. 城市与环境研究, 2014 (1): 4-17.

[67] 刘传江, 程建林. 第二代农民工市民化: 现状分析与进程测度 [J]. 人口研究, 2008, 32 (5): 48-57.

[68] 魏后凯, 苏红键. 中国农业转移人口市民化进程研究 [J]. 中国人口科学, 2013 (5): 21-29.

[69] 陈明星, 陆大道, 张华. 中国城市化水平的综合测度及其动力因子分析 [J]. 地理学报, 2009, 64 (4): 387-398.

[70] 温忠麟, 张雷, 侯杰泰, 刘红云. 中介效应检验程序及其应用 [J]. 心理学报, 2004, 36 (5): 614-620.

[71] Iacobucci Dawn. Mediation Analysis and Categorical Variables: The Final Frontier [J]. Journal of Consumer Psychology, 2012, 22 (4): 582-594.

[72] 杨洁. 县域城镇化是推进新型城镇化的关键 [N]. 光明日报, 2013-10-11 (12).

[73] Galster G. C., Hesser G. W.. Residential Satisfaction Compositional and Contextual Correlates [J]. Environment & Behavior, 1981, 13 (6): 735-758.

[74] 曾广录, 曾汪泉. 保障性住房建设满意度影响因素的实证分析——基于五省会城市住房保障对象的调查 [J]. 财经理论与实践, 2013, 34 (6): 102-106.

［75］谭清香, 张斌. 农村居民住房满意度及其影响因素分析——基于全国5省1000个农户的调查［J］. 中国农村经济, 2015（2）: 52-65.

［76］吴莹, 陈俊华. 保障性住房的住户满意度和影响因素分析: 基于香港公屋的调查［J］. 经济社会体制比较, 2013（4）: 109-117.

［77］湛东升, 孟斌, 张文忠. 北京市居民居住满意度感知与行为意向研究［J］. 地理研究, 2014, 33（2）: 336-348.

［78］Adesoji, David, Jiboye. Post-occupancy Evaluation of Residential Satisfaction in Lasos, Niseria: Feedback for Residential Improvement［J］. Frontiers of Architectural Research, 2012, 1（3）: 236-243.

［79］张跃松. 租赁型保障房居住满意度影响因素分析与评价——以北京市为例［J］. 山东建筑大学学报, 2017, 32（1）: 28-32.

［80］史学斌. 外来农民工公租房居住满意度及其影响因素研究——以重庆市为例［J］. 农村经济, 2018（1）: 105-110.

［81］居祥, 黄贤金, 金雨泽. 现行保障房政策的居民响应及影响因素分析——以江苏省徐州市为例［J］. 东南大学学报（哲学社会科学版）, 2015（s2）: 105-107.

［82］王效容, 张建坤, 李灵芝. 大学毕业生保障房居住满意度调查——以嘉兴人才公寓为例［J］. 城市问题, 2014（4）: 95-101.

［83］何立华, 杨崇琪. 城市居民住房满意度及其影响因素［J］. 公共管理学报, 2011, 8（2）: 43-51.

［84］Salleh A. G.. Neighbourhood Factors in Private Low-cost Housing in Malaysia［J］. Habitat International, 2008, 32（4）: 485-493.

［85］徐培玮. 小产权房与商品房居民居住满意度差异探究——基于京郊北七家镇的居民调查［J］. 北京社会科学, 2018（2）: 4-14.

［86］曾文, 向梨丽, 张小林. 南京市社区服务设施可达性的空间格局与低收入社区空间剥夺研究［J］. 人文地理, 2017（1）: 73-81.

［87］Oswald F., Wahl H. W., Mollenkopf H., et al.. Housing and Life Satisfaction of Older Adults in Two Rural Regions in Germany［J］. Research on Aging, 2016, 25（2）: 122-143.

［88］李广磊. 深圳市典型片区居民居住满意度调查［J］. 城市问题,

2015 (2): 72-77.

[89] 李世龙. 新生代农民工住房满意度影响因素与对策研究 [J]. 重庆大学学报 (社会科学版), 2015, 21 (5): 44-50.

[90] 冯健, 林文盛. 苏州老城区衰退邻里居住满意度及影响因素 [J]. 地理科学进展, 2017, 36 (2): 159-170.

[91] 蔡弘, 黄鹂. 农民集中居住满意度评价体系建构——基于安徽省1121个样本的实证研究 [J]. 安徽大学学报 (哲学社会科学版), 2016, 40 (1): 137-147.

[92] 秦立建, 陈波. 医疗保险对农民工城市融入的影响分析 [J]. 管理世界, 2014 (10): 91-99.

[93] 谢季坚, 刘承平. 模糊数学方法及其应用 (第2版) [M]. 武汉: 华中理工大学出版社, 2000.

[94] Rijt AVD. Selection and Influence in the Assimilation Process of Immigrants [J]. Advances in Group Processes, 2013, 30 (30): 1-35.

[95] 黄侦, 黄小兵, 包力. 群体异质性视角下农民工社会融合比较研究 [J]. 宏观经济研究, 2015 (5): 127-138.

[96] 卢海阳, 郑逸芳, 钱文荣. 农民工融入城市行为分析——基于1632个农民工的调查数据 [J]. 农业技术经济, 2016 (1): 26-36.

[97] 罗明忠, 卢颖霞. 农民工的职业认同对其城市融入影响的实证分析 [J]. 中国农村观察, 2013 (5): 10-23.

[98] Rappaport J.. Why are Population Flows so Persistent? [J]. Journal of Urban Economics, 2004, 56 (3): 554-580.

[99] 石智雷, 施念. 农民工的社会保障与城市融入分析 [J]. 人口与发展, 2014, 20 (2): 33-43.

[100] 戚迪明, 江金启, 张广胜. 农民工城市居住选择影响其城市融入吗?——以邻里效应作为中介变量的实证考察 [J]. 中南财经政法大学学报, 2016 (4): 141-148.

[101] 徐建玲, 刘传江. 农民工就业市场的经济学分析 [J]. 人口与发展, 2006, 12 (5): 23-30.

[102] 黄小兵, 黄静波. 消费行为与农民工社会融合 [J]. 华南农业大

学学报（社会科学版），2015，14（2）：37-49.

［103］李海波. 保障房居住满意度影响因素及城际差异实证研究［J］. 经济研究参考，2018（50）：11-19.

［104］李海波，黄蕾. 政府促进保障性住房建设的经济学分析［J］. 现代城市研究，2013（9）：40-45.

［105］刘耘. 地方政府促进保障性住房建设研究［M］. 长沙：湖南人民出版社，2014.

［106］中国社会科学院. 社会学通讯［Z］. 1984（1）.

［107］李文. 中华人民共和国社会史（1949-2012）［M］. 北京：当代中国出版社，2016.

［108］郑功成，黄黎若莲. 中国农民工问题：理论判断与政策思路［J］. 中国人民大学学报，2006，20（6）：123-133.

［109］李培林. 农民工：中国进城农民工的经济社会分析［M］. 北京：社会科学文献出版社，2003.

［110］丁开杰. 西方社会排斥理论：四个基本问题［J］. 国外理论动态，2009（10）：36-41.

［111］熊景维. 我国进城农民工城市住房问题研究［D］. 武汉：武汉大学博士学位论文，2013.

［112］卢海阳. 农民工的城市融入及对经济行为的影响［D］. 杭州：浙江大学博士学位论文，2015.

［113］方蔚琼. 我国农民工城镇住房保障研究［D］. 福州：福建师范大学博士学位论文，2015.

［114］刘梦琴，傅晨. 城市农民工的住房问题与改革政策［J］. 城市观察，2013，26（4）：136-145.

［115］金丽馥，史叶婷. 乡村振兴进程中农民财产性收入增长的瓶颈制约和政策优化［J］. 青海社会科学，2019（3）：87-93.

［116］赖晓飞. 文化资本与农村流动人口的城市融入——基于厦门市Z工厂的实证研究［J］. 南京农业大学学报（社会科学版），2009，9（4）：91-96.

［117］刘传江，周玲. 社会资本与农民工的城市融合［J］. 人口研究，

2004, 28 (5): 12-18.

[118] 董昕, 周卫华. 住房市场与农民工住房选择的区域差异 [J]. 经济地理, 2014, 34 (12): 140-146.

[119] 肖子华. 人口流动与社会融合: 理论、指标与方法 [M]. 北京: 社会科学文献出版社, 2018.

[120] 熊景维. 通往城市之路: 农民工住房与市民化 [M]. 北京: 社会科学文献出版社, 2017.

附 录
农民工城市住房相关政策、法规与规定

建设部、发展改革委、财政部、劳动保障部、国土资源部关于印发《关于改善农民工居住条件的指导意见》的通知

各省、自治区、直辖市人民政府，国务院各部委、各直属机构：

《关于改善农民工居住条件的指导意见》已经国务院同意，现印发给你们，请遵照执行。

中华人民共和国建设部
中华人民共和国国家发展和改革委员会
中华人民共和国财政部
中华人民共和国劳动和社会保障部
中华人民共和国国土资源部
二〇〇七年十二月五日

关于改善农民工居住条件的指导意见

为逐步改善农民工居住条件，保障农民工合法权益，推动中国特色城

镇化的健康发展，促进社会和谐稳定，根据《国务院关于解决农民工问题的若干意见》（国发〔2006〕5号）及《国务院关于解决城市低收入家庭住房困难的若干意见》（国发〔2007〕24号）精神，提出以下意见：

一、指导思想和基本原则

（一）指导思想。以邓小平理论和"三个代表"重要思想为指导，按照贯彻落实科学发展观，构建和谐社会的要求，把改善农民工居住条件作为解决城市低收入家庭住房困难工作的一项重要内容，明确责任，加强指导，强化监督，积极采取各种政策措施，力争到"十一五"期末，使农民工居住条件得到逐步改善。

（二）基本原则。改善农民工居住条件，一要因地制宜，满足基本居住需要；二要循序渐进，逐步解决；三要政策扶持，用工单位负责。

二、多渠道提供农民工居住场所

（三）用工单位是改善农民工居住条件的责任主体。要积极主动，广开渠道，妥善安排，为招用的农民工提供符合基本卫生和安全条件的居住场所，并逐步改善其居住条件。

（四）用工单位可以采取无偿提供、廉价租赁等方式向农民工提供居住场所，具体方式可在劳动合同中予以约定。农民工自行安排居住场所的，用工单位应当给予一定的住房租金补助，并可在劳动合同中予以明确。

（五）招用农民工较多的企业，应充分利用自有职工宿舍或通过租赁、购置等方式筹集农民工住房房源。在符合规划的前提下，可在依法取得的企业用地范围内建设农民工集体宿舍。

（六）农民工集中的开发区和工业园区，应按照集约用地的原则，集中建设农民工集体宿舍，由用工单位承租后向农民工提供，或由农民工直接承租，但不得按商品住房出售或出租。

（七）城中村改造时，要考虑农民工的居住需要，在符合城市规划和土地利用总体规划的前提下，集中建设向农民工出租的集体宿舍，建设用地不得采取以租代征方式供应，建设项目不得变相搞房地产开发。

（八）有条件的地方，可以比照经济适用住房建设的相关优惠政策，根据产业布局、农民工数量及分布状况，政府引导，市场运作，建设符合农民工特点的住房，以农民工可承受的合理租金向农民工出租。

（九）积极引导和鼓励城乡结合部居民利用自有住房向农民工出租。

三、保证农民工居住场所安全、卫生

（十）向农民工提供的居住场所应符合住宅安全、消防标准和基本卫生要求，远离危险源和污染源。工程施工类企业向施工现场农民工提供的宿舍，应符合建筑施工现场环境与卫生标准有关规定；其他行业用工单位向农民工提供的宿舍，应符合宿舍建筑设计规范有关规定。

（十一）集中建设的农民工集体宿舍和专供农民工租用的住房，要做好规划设计和建设管理，充分考虑农民工的居住需要和生活成本，坚持经济适用、合理布局、科学设计、确保质量，同时应适当配备必要的文化、体育活动等设施设备。

四、加强政策扶持，强化监督指导

（十二）各地要将长期在城市就业与生活的农民工居住问题，纳入城市住房建设规划。市、县人民政府要立足当地实际，指导和督促用工单位切实负起责任，妥善安排农民工居住，多渠道提供农民工居住场所，逐步改善农民工居住条件。

（十三）市、县人民政府对集中建设的向农民工出租的集体宿舍项目，要在选址、供地及相关配套设施建设等方面予以支持。对享受政府优惠政策建设的农民工集体宿舍和住房，擅自按商品房出售、出租或改作其他用途的，房地产管理等部门不得为其办理相关手续，要依照法律法规进行查处，并追究相关责任人员的责任。

（十四）对农民工聚居区域，市、县人民政府要加强规划和管理，强化治安及环境卫生治理，加大公共交通等市政公用事业建设力度，提高公共基础设施保障能力，方便农民工生产生活，营造良好居住环境，维护和谐稳定的社会秩序。

国务院办公厅关于保障性安居工程
建设和管理的指导意见

国办发〔2011〕45号

各省、自治区、直辖市人民政府，国务院各部委、各直属机构：

大规模推进保障性安居工程建设，是党中央、国务院为推动科学发展、加快转变经济发展方式、保障和改善民生采取的重大举措。为贯彻落实党中央、国务院的决策部署，全面推进保障性安居工程建设，进一步加强和规范保障性住房管理，加快解决中低收入家庭住房困难，促进实现住有所居目标，经国务院同意，现提出如下意见：

一、总体要求和基本原则

（一）总体要求。适应工业化、城镇化快速发展的要求，深入贯彻落实科学发展观，把住房保障作为政府公共服务的重要内容，建立健全中国特色的城镇住房保障体系，合理确定住房保障范围、保障方式和保障标准，完善住房保障支持政策，逐步形成可持续的保障性安居工程投资、建设、运营和管理机制。到"十二五"期末，全国保障性住房覆盖面达到20%左右，力争使城镇中等偏下和低收入家庭住房困难问题得到基本解决，新就业职工住房困难问题得到有效缓解，外来务工人员居住条件得到明显改善。

（二）基本原则。住房保障工作要坚持从我国国情出发，满足基本住房需要；坚持政府主导、政策扶持，引导社会参与；坚持加大公共财政的投入，同时发挥市场机制的作用；坚持经济、适用、环保，确保质量安全；坚持分配过程公开透明，分配结果公平公正；坚持规范管理，不断完善住房保障制度。

二、大力推进以公共租赁住房为重点的保障性安居工程建设

（一）重点发展公共租赁住房。公共租赁住房面向城镇中等偏下收入

住房困难家庭、新就业无房职工和在城镇稳定就业的外来务工人员供应，单套建筑面积以40平方米左右的小户型为主，满足基本居住需要。租金标准由市县人民政府结合当地实际，按照略低于市场租金的原则合理确定。发展公共租赁住房，对于完善住房供应和保障体系、引导合理住房消费、缓解群众住房困难，实现人才和劳动力有序流动、促进城镇化健康发展具有十分重要的意义。各地要根据实际情况适当增加公共租赁住房供应，人口净流入量大的大中城市要提高公共租赁住房建设的比重。

要加大政府投资建设力度，综合运用土地供应、资本金注入、投资补助、财政贴息、税费优惠等政策措施，吸引企业和其他机构参与公共租赁住房建设和运营，多渠道增加公共租赁住房供应。政府投资的公共租赁住房项目可以委托企业代建，市县人民政府逐年回购。公共租赁住房项目采取划拨、出让等方式供应土地，事先要规定建设要求、套型结构等，作为土地供应的前置条件。同时，公共租赁住房项目可以规划建设配套商业服务设施，统一管理经营，以实现资金平衡。新建普通商品住房项目，应当规划配建一定比例的公共租赁住房，具体配建比例和管理方式由市县人民政府确定。外来务工人员集中的开发区、产业园区，应当按照集约用地的原则，统筹规划，集中建设单元型或宿舍型公共租赁住房，面向用工单位或园区就业人员出租。坚持谁投资、谁所有的原则，积极探索公共租赁住房投资回收机制。各地要及时制定公共租赁住房管理办法。

城镇低收入住房困难家庭较多、小户型租赁住房房源不足的地区，要加快建设廉租住房，提高实物配租比例。逐步实现廉租住房与公共租赁住房统筹建设、并轨运行。

（二）根据实际情况继续安排经济适用住房和限价商品住房建设。规范发展经济适用住房，严格执行建设标准，单套建筑面积控制在60平方米以内。房价较高的城市，要适当增加经济适用住房、限价商品住房供应。

（三）加快实施各类棚户区改造。棚户区（危旧房）改造要坚持政府主导、市场运作，发挥多方面积极性，改造资金由政府适当补助，住户合理负担。国有林区、垦区和工矿（含煤矿）棚户区改造，企业也要安排一定的资金。棚户区改造要尊重群众意愿，扩大群众参与，切实维护群众合法权益。

（四）加大农村危房改造力度。抓紧编制农村危房改造规划，逐步扩大中央补助地区范围，加大地方政府补助力度。按照统一要求建立和完善农村危房改造农户档案管理信息系统，提高规划设计水平，加强资金和质量监管。

三、落实各项支持政策

（一）确保用地供应。市县人民政府应当依据住房保障规划和保障性安居工程年度建设任务，科学编制土地供应计划，涉及新增建设用地的要在年度土地利用计划中优先安排、单列指标，做到应保尽保。要提前做好项目储备并落实到具体地块，努力挖潜，充分利用存量建设用地。涉及新增建设用地的，要提前确定地块，开展土地征收等前期工作，确保及时供应。储备土地和收回使用权的国有土地，优先安排用于保障性住房建设。严禁改变保障性住房建设用地用途，擅自改变用途的，要依法从严处理。

（二）增加政府投入。中央继续加大资金补助力度。地方各级人民政府要在财政预算安排中将保障性安居工程放在优先位置，加大财政性资金投入力度。按照"省级负总责、市县抓落实"的原则，加大省级政府统筹力度，确保项目资本金足额及时到位。住房公积金增值收益在提取贷款风险准备金和管理费用后，全部用于廉租住房和公共租赁住房建设。土地出让收益用于保障性住房建设和棚户区改造的比例不低于10%。中央代发的地方政府债券资金要优先安排用于公共租赁住房等保障性安居工程建设。公共预算支出安排不足的地区，要提高土地出让收益和地方政府债券资金安排比重。完不成保障性安居工程建设任务的城市，一律不得兴建和购置政府办公用房。

（三）规范利用企业债券融资。符合规定的地方政府融资平台公司可发行企业债券或中期票据，专项用于公共租赁住房等保障性安居工程建设。地方政府融资平台公司发行企业债券，要优先满足保障性安居工程建设融资需要。承担保障性安居工程建设项目的其他企业，也可以在政府核定的保障性安居工程建设投资额度内，通过发行企业债券进行项目融资。对发行企业债券用于保障性安居工程建设的，优先办理核准手续。

（四）加大信贷支持。在加强管理、防范风险的基础上，银行业金融机构可以向实行公司化运作并符合信贷条件的公共租赁住房项目直接发放贷款。对于政府投资建设的公共租赁住房项目，银行业金融机构可向经过清理整顿符合条件的直辖市、计划单列市及省会城市政府融资平台公司发放贷款，融资平台公司贷款偿付能力不足的，由本级政府统筹安排还款；银行业金融机构也可向经过清理整顿符合条件且经总行评估认可、自身能够确保偿还公共租赁住房项目贷款的地级城市政府融资平台公司发放贷款。其他市县政府投资建设的公共租赁住房项目，可在省级政府对还款来源作出统筹安排后，由省级政府指定一家省级融资平台公司按规定统一借款。借款人和当地政府要确保按期还贷，防范金融风险和债务风险。公共租赁住房建设贷款利率下浮时其下限为基准利率的0.9倍，贷款期限原则上不超过15年。扩大利用住房公积金贷款支持保障性住房建设试点城市的范围，重点支持公共租赁住房建设。

（五）落实税费减免政策。对廉租住房、公共租赁住房、经济适用住房和棚户区改造安置住房，要切实落实现行建设、买卖、经营等环节税收优惠政策，免收城市基础设施配套费等各种行政事业性收费和政府性基金。

四、提高规划建设和工程质量水平

（一）优化规划布局和户型设计。要把保障性住房建设作为城乡规划和土地利用总体规划的重要内容，提出明确要求，合理安排布局，严格执行抗震设防和建筑节能等强制性标准。保障性住房实行分散配建和集中建设相结合。集中建设保障性住房，应当充分考虑居民就业、就医、就学、出行等需要，加快完善公共交通系统，同步配套建设生活服务设施。保障性住房户型设计要坚持户型小、功能齐、配套好、质量高、安全可靠的要求，合理布局，科学利用空间，有效满足各项基本居住功能，鼓励通过公开招标、评比等方式优选户型设计方案。廉租住房、公共租赁住房应当提供简约、环保的基本装修，具备入住条件。

同时，在保障性住房规划设计中，要贯彻省地、节能、环保的原则，落实节约集约用地和节能减排各项措施，全面推广采用节水型器具，配套建设污水处理和生活垃圾分类收集设施。农村危房改造要重视自然采光和通风，大力推广建筑节能技术。

（二）落实工程质量责任。保障性安居工程建设，要严格履行法定的项目建设程序，规范招投标行为，落实项目法人责任制、合同管理制、工程监理制。严格建筑材料验核制度。项目法人对住房建设质量负永久责任，其他参建单位按照工程质量管理规定负相应责任。实行勘察、设计、施工、监理单位负责人和项目负责人责任终身制。推广在住房建筑上设置质量责任永久性标识制度，接受社会监督。

（三）强化工程质量监督。保障性安居工程参建各方要建立健全质量管理体系，切实把加强质量监管贯穿于建设全过程。严格按照法律法规和强制性标准规定进行勘察、设计、施工、监理和验收，加大对工程质量和施工安全的监督检查力度。对存在违法违规行为和工程质量不符合强制性标准的工程项目，要责令整改。

五、建立健全分配和运营监管机制

（一）规范准入审核。市县人民政府要根据当地经济社会发展水平、居民收入、住房状况，合理确定保障对象住房困难、家庭收入（财产）的具体标准，定期调整，并向社会公布。完善住房保障申请、审核、公示、轮候、复核制度。健全住房城乡建设、民政、公安、税务、金融等部门及街道、社区协作配合的家庭住房和经济状况审核机制。保障性住房申请人应当如实申报家庭住房、收入和财产状况，声明同意审核机关调查核实其家庭住房和资产等情况。审核机关调查核实申请人住房、金融资产、车辆等财产的，有关机构应当依法提供便利。严禁以任何形式向不符合住房困难标准的家庭供应保障性住房。切实防范并严厉查处骗租骗购保障性住房、变相福利分房和以权谋私行为。对以虚假资料骗购、骗租保障性住房的，一经查实应立即纠正，并取消其在5年内再次申请购买或租赁保障性住房的资格。建立住房保障诚信档案，完善失信惩戒制度。

（二）严格租售管理。经审核符合条件的家庭，市县人民政府应当在合理的轮候期内安排保障性住房。具体轮候期限由市县人民政府确定并公布。廉租住房租赁补贴应当按月或季度及时发放，确保当年 12 月 25 日前全部发放到位。廉租住房、公共租赁住房的租赁合同，应当载明租金、租期以及使用要求。公共租赁住房租赁合同期限一般为 3 至 5 年。租赁合同期满后承租人仍符合规定条件的，可以申请续租。经济适用住房和限价商品住房购买不满 5 年的，不得上市交易。经济适用住房配售时，要明确界定政府与购买人的资产份额，并按照政府回购、适当兼顾保障对象合法权益的原则，确定经济适用住房出售所得价款的分配比例。限价商品住房的上市交易收益调节办法，由市县人民政府制定。

（三）加强使用管理。市县人民政府应当建立住房保障管理信息系统，完善保障性住房和保障对象档案，动态监测住房保障对象家庭人口、住房和经济状况变化情况。建立公众监督机制，落实信息公开，充分发挥社会监督作用。定期检查保障性住房使用情况，对违反规定将保障性住房出售、转借、出租（转租）、闲置、改变用途且拒不整改的，应当按照有关规定或者合同约定收回。对中介机构违规代理出售、出租保障性住房的，应当依法给予处罚。保障性住房的使用人要按有关规定和合同约定使用住房，不得擅自改变房屋结构，影响房屋质量安全和使用功能。保障性住房小区可以实行住户自我管理、自我服务，也可以聘请专业机构提供物业服务。

（四）健全退出机制。廉租住房、公共租赁住房承租人经济状况改善，或通过购置、继承、受赠等方式取得其他住房，不再符合相应的住房保障条件的，应当在规定期限内腾退；逾期不腾退的，应当按市场价格交纳租金。经济适用住房购房人通过购置、继承、受赠等方式取得其他住房，不再符合经济适用住房保障条件的，应当退出经济适用住房，或者通过补交土地收益等价款取得完全产权。对拒不服从退出管理的，可以依照规定或合同约定申请人民法院强制执行。

六、加强组织领导，进一步落实地方政府责任

（一）建立目标责任制。省级人民政府对本地区保障性安居工程工作负总责；市县人民政府具体实施，负责落实项目前期工作、建设资金、土

地供应、工程质量监督、保障性住房租售管理和使用监管等。省级人民政府要指导市县人民政府，加强住房保障管理机构和具体实施机构建设，充实工作人员，落实工作经费。要加强组织领导和督促检查，周密部署，精心落实，注意总结经验，优化审批程序，简化办事手续，把保障性安居工程建成廉洁工程、平安工程、放心工程。

（二）统筹安排年度建设任务。要因地制宜，科学编制建设规划，统筹安排年度建设任务，不搞"一刀切"。"十二五"时期全国保障性安居工程建设目标是经济和社会发展的约束性指标。各省、自治区、直辖市要按照目标任务，按需申报，自下而上，编制本地区保障性住房建设规划，将任务分解到年度。要尽快明确2012年保障性安居工程建设任务、投资计划、用地计划、资金来源渠道等。市县人民政府要按照规划编制年度实施计划，并落实到项目，尽早开展前期工作，以便落实资金和土地，确保建设任务按计划顺利实施。市县人民政府要向社会公布年度保障性安居工程建设计划、项目开工和竣工情况，以及项目名称、建设地址、建设方式和建设总套数等。

（三）建立考核问责机制。各地区、各有关部门要加强对保障性安居工程建设的监督检查，全面落实工作任务和各项政策措施。住房城乡建设部等有关部门要制定具体考核办法。住房城乡建设部、监察部等有关部门要建立约谈和问责机制，对项目资金土地不落实、政策措施不到位、建设进度缓慢地区的政府负责人进行约谈。对没有完成年度目标任务的地区，监察部、住房城乡建设部等部门要视情况对其政府负责人进行问责。要严格规范保障性安居工程建设程序，加强资金监管。对在保障性安居工程建设、分配和管理过程中滥用职权、玩忽职守、徇私舞弊、失职渎职的政府及其相关职能部门工作人员，要依法依纪追究责任；涉嫌犯罪的，移送司法机关处理。

国务院办公厅
二〇一一年九月二十八日

附　录　农民工城市住房相关政策、法规与规定

国务院关于进一步做好为
农民工服务工作的意见

国发〔2014〕40号

各省、自治区、直辖市人民政府，国务院各部委、各直属机构：

农民工已成为我国产业工人的主体，是推动国家现代化建设的重要力量，为经济社会发展作出了巨大贡献。党中央、国务院高度重视农民工工作，《国务院关于解决农民工问题的若干意见》（国发〔2006〕5号）印发以来，出台了一系列政策措施，推动农民工转移就业规模持续扩大，职业技能不断提高，工资收入大幅增加，参加社会保险人数较快增长，劳动保障权益维护明显加强，享受基本公共服务范围逐步扩大，关心关爱农民工的社会氛围正在形成。但目前农民工就业稳定性不强，劳动保障权益受侵害的现象还时有发生，享受基本公共服务的范围仍然较小，大量长期在城镇就业的农民工还未落户。为深入贯彻落实党的十八大、十八届三中全会、中央城镇化工作会议精神和国务院的决策部署，进一步做好新形势下为农民工服务工作，切实解决农民工面临的突出问题，有序推进农民工市民化，现提出如下意见：

一、进一步做好为农民工服务工作的总体要求

（一）指导思想。以邓小平理论、"三个代表"重要思想、科学发展观为指导，全面贯彻落实党的十八大、十八届三中全会、中央城镇化工作会议精神和国务院的决策部署，按照工业化、信息化、新型城镇化、农业现代化同步发展的要求，积极探索中国特色农业劳动力转移道路，着力稳定和扩大农民工就业创业，着力维护农民工的劳动保障权益，着力推动农民工逐步实现平等享受城镇基本公共服务和在城镇落户，着力促进农民工社会融合，有序推进、逐步实现有条件有意愿的农民工市民化。

（二）基本原则。

——坚持以人为本、公平对待。推进以人为核心的城镇化，公平保障

农民工作为用人单位职工、作为城镇常住人口的权益，帮助农民工解决最关心最直接最现实的利益问题，实现改革发展成果共享。

——坚持统筹兼顾、优化布局。按照区域发展总体战略和国家新型城镇化规划，逐步完善生产力布局和城镇化布局，引导农民工在东中西不同区域、大中小不同城市和小城镇以及城乡之间合理分布。

——坚持城乡一体、改革创新。适应推动城乡发展一体化的需要，着力改革城乡二元体制机制，逐步建立完善有利于农民工市民化的基本公共服务、户籍、住房、土地管理、成本分担等制度。

——坚持分类推进、逐步实施。按照自愿、分类、有序的要求，因地制宜、存量优先，尽力而为、量力而行，重点促进长期在城镇居住、有相对稳定工作的农民工有序融入城镇，循序渐进地推进农民工市民化。

（三）总体目标。到2020年，转移农业劳动力总量继续增加，每年开展农民工职业技能培训2000万人次，农民工综合素质显著提高、劳动条件明显改善、工资基本无拖欠并稳定增长、参加社会保险全覆盖，引导约1亿人在中西部地区就近城镇化，努力实现1亿左右农业转移人口和其他常住人口在城镇落户，未落户的也能享受城镇基本公共服务，农民工群体逐步融入城镇，为实现农民工市民化目标打下坚实基础。

二、着力稳定和扩大农民工就业创业

（四）实施农民工职业技能提升计划。加大农民工职业培训工作力度，对农村转移就业劳动者开展就业技能培训，对农村未升学初高中毕业生开展劳动预备制培训，对在岗农民工开展岗位技能提升培训，对具备中级以上职业技能的农民工开展高技能人才培训，将农民工纳入终身职业培训体系。加强农民工职业培训工作的统筹管理，制定农民工培训综合计划，相关部门按分工组织实施。加大培训资金投入，合理确定培训补贴标准，落实职业技能鉴定补贴政策。改进培训补贴方式，重点开展订单式培训、定向培训、企业定岗培训，面向市场确定培训职业（工种），形成培训机构平等竞争、农民工自主参加培训、政府购买服务的机制。鼓励企业组织农民工进行培训，符合相关规定的，对企业给予培训补贴。鼓励大中型企业联合技工院校、职业院校，建设一批农民工实训基地。将国家通用语言纳入对少数民族农民工培训的内容。[人力资源社会保障部、国务院农民工工作领导小组办公室（以下简称农民工办）会同发展改革委、教育部、科技部、财政部、住房城乡建设部、农业部、安全监管总局、统计局、扶贫办、全国总工会、共青团中央、全国妇联负责]

（五）加快发展农村新成长劳动力职业教育。努力实现未升入普通高中、普通高等院校的农村应届初高中毕业生都能接受职业教育。全面落实中等职业教育农村学生免学费政策和家庭经济困难学生资助政策。鼓励各地根据需要改扩建符合标准的主要面向农村招生的职业院校、技工院校，支持没有职业院校或技工院校的边远地区各市（地、州、盟）因地制宜建立主要面向农村招生的职业院校或技工院校。加强职业教育教师队伍建设，创新办学模式，提高教育质量。积极推进学历证书、职业资格证书双证书制度。（教育部、人力资源社会保障部会同发展改革委、财政部、扶贫办负责）

（六）完善和落实促进农民工就业创业的政策。引导农民工有序外出就业、鼓励农民工就地就近转移就业、扶持农民工返乡创业。进一步清理针对农民工就业的户籍限制等歧视性规定，保障城乡劳动者平等就业权利。实现就业信息全国联网，为农民工提供免费的就业信息服务。完善城乡均等的公共就业服务体系，有针对性地为农民工提供政策咨询、职业指导、职业介绍等公共就业服务。加强农民工输出输入地劳务对接，输出地可在本地农民工相对集中的输入地设立服务工作站点，输入地应给予支持。组织开展农民工就业服务"春风行动"，加强农村劳动力转移就业工作示范县建设。大力发展服务业特别是家庭服务业和中小微企业，开发适合农民工的就业岗位，建设减免收费的农贸市场和餐饮摊位，满足市民生活需求和促进农民工就业。积极支持农产品产地初加工、休闲农业发展，引导有市场、有效益的劳动密集型产业优先向中西部转移，吸纳从东部返乡和就近转移的农民工就业。将农民工纳入创业政策扶持范围，运用财政支持、创业投资引导和创业培训、政策性金融服务、小额担保贷款和贴息、生产经营场地和创业孵化基地等扶持政策，促进农民工创业。做好老少边穷地区、牧区、库区、渔区农牧渔民转移就业工作和农民工境外就业服务工作。（人力资源社会保障部会同发展改革委、教育部、民政部、财

政部、住房城乡建设部、农业部、商务部、人民银行、税务总局、工商总局、扶贫办、全国总工会、共青团中央、全国妇联负责）

三、着力维护农民工的劳动保障权益

（七）规范使用农民工的劳动用工管理。指导和督促用人单位与农民工依法普遍签订并履行劳动合同，在务工流动性大、季节性强、时间短的农民工中推广简易劳动合同示范文本。对小微企业经营者开展劳动合同法培训。依法规范劳务派遣用工行为，清理建设领域违法发包分包行为。完善适应家政服务特点的劳动用工政策和劳动标准。整合劳动用工备案及就业失业登记、社会保险登记，实现对企业使用农民工的动态管理服务。（人力资源社会保障部会同住房城乡建设部、工商总局、全国总工会负责）

（八）保障农民工工资报酬权益。在建设领域和其他容易发生欠薪的行业推行工资保证金制度，在有条件的市县探索建立健全欠薪应急周转金制度，完善并落实工程总承包企业对所承包工程的农民工工资支付全面负责制度、劳动保障监察执法与刑事司法联动治理恶意欠薪制度、解决欠薪问题地方政府负总责制度，推广实名制工资支付银行卡。落实农民工与城镇职工同工同酬原则。在经济发展基础上合理调整最低工资标准，推动农民工参与工资集体协商，促进农民工工资水平合理增长。（人力资源社会保障部会同公安部、住房城乡建设部、人民银行、高法院、全国总工会负责）

（九）扩大农民工参加城镇社会保险覆盖面。依法将与用人单位建立稳定劳动关系的农民工纳入城镇职工基本养老保险和基本医疗保险，研究完善灵活就业农民工参加基本养老保险政策，灵活就业农民工可以参加当地城镇居民基本医疗保险。完善社会保险关系转移接续政策。努力实现用人单位的农民工全部参加工伤保险，着力解决未参保用人单位的农民工工伤保险待遇保障问题。推动农民工与城镇职工平等参加失业保险、生育保险并平等享受待遇。对劳务派遣单位或用工单位侵害被派遣农民工社会保险权益的，依法追究连带责任。实施"全民参保登记计划"，推进农民工等群体依法全面持续参加社会保险。整合各项社会保险经办管理资源，优化经办业务流程，增强对农民工的社会保险服务能力。（人力资源社会保

障部会同发展改革委、财政部、卫生计生委、工商总局、法制办、全国总工会负责)

(十)加强农民工安全生产和职业健康保护。强化高危行业和中小企业一线操作农民工安全生产和职业健康教育培训,将安全生产和职业健康相关知识纳入职业技能教育培训内容。严格执行特殊工种持证上岗制度、安全生产培训与企业安全生产许可证审核相结合制度。督促企业对接触职业病危害的农民工开展职业健康检查、建立监护档案。建立重点职业病监测哨点,完善职业病诊断、鉴定、治疗的法规、标准和机构。重点整治矿山、工程建设等领域农民工工伤多发问题。实施农民工职业病防治和帮扶行动,深入开展粉尘与高毒物品危害治理,保障符合条件的无法追溯用人单位及用人单位无法承担相应责任的农民工职业病患者享受相应的生活和医疗待遇。(安全监管总局、卫生计生委分别会同发展改革委、教育部、公安部、民政部、财政部、人力资源社会保障部、住房城乡建设部、交通运输部、国资委、法制办、全国总工会负责)

(十一)畅通农民工维权渠道。全面推进劳动保障监察网格化、网络化管理,加强用人单位用工守法诚信管理,完善劳动保障违法行为排查预警、快速处置机制,健全举报投诉制度,依法查处用人单位侵害农民工权益的违法行为。按照"鼓励和解、强化调解、依法仲裁、衔接诉讼"的要求,及时公正处理涉及农民工的劳动争议。畅通农民工劳动争议仲裁"绿色通道",简化受理立案程序,提高仲裁效率。建立健全涉及农民工的集体劳动争议调处机制。大力加强劳动保障监察机构、劳动人事争议仲裁院和基层劳动争议调解组织建设,完善服务设施,增强维护农民工权益的能力。(人力资源社会保障部会同发展改革委、公安部、司法部、国资委、高法院、全国总工会负责)

(十二)加强对农民工的法律援助和法律服务工作。健全基层法律援助和法律服务工作网络,加大法律援助工作力度,使符合条件的农民工及时便捷地获得法律援助。简化法律援助申请受理审查程序,完善异地协作机制,方便农民工异地申请获得法律援助。畅通法律服务热线,加大普法力度,不断提高农民工及用人单位的法治意识和法律素质,引导农民工合法理性维权。(司法部会同财政部、高法院、全国总工会负责)

四、着力推动农民工逐步实现平等享受城镇基本公共服务和在城镇落户

（十三）逐步推动农民工平等享受城镇基本公共服务。深化基本公共服务供给制度改革，积极推进城镇基本公共服务由主要对本地户籍人口提供向对常住人口提供转变，努力实现城镇基本公共服务覆盖在城镇常住的农民工及其随迁家属，使其逐步平等享受市民权利。各地区、各有关部门要逐步按照常住人口配置基本公共服务资源，明确农民工及其随迁家属可以享受的基本公共服务项目，并不断提高综合承载能力、扩大项目范围。农民工及其随迁家属在输入地城镇未落户的，依法申领居住证，持居住证享受规定的基本公共服务。在农民工输入相对集中的城市，主要依托社区综合服务设施、劳动就业社会保障服务平台等现有资源，建立农民工综合服务平台，整合各部门公共服务资源，为农民工提供便捷、高效、优质的"一站式"综合服务。（农民工办会同发展改革委、教育部、公安部、民政部、财政部、人力资源社会保障部、住房城乡建设部、文化部、卫生计生委、法制办负责）

（十四）保障农民工随迁子女平等接受教育的权利。输入地政府要将符合规定条件的农民工随迁子女教育纳入教育发展规划，合理规划学校布局，科学核定公办学校教师编制，加大公办学校教育经费投入，保障农民工随迁子女平等接受义务教育权利。公办义务教育学校要普遍对农民工随迁子女开放，与城镇户籍学生混合编班，统一管理。积极创造条件着力满足农民工随迁子女接受普惠性学前教育的需求。对在公益性民办学校、普惠性民办幼儿园接受义务教育、学前教育的，采取政府购买服务等方式落实支持经费，指导和帮助学校、幼儿园提高教育质量。各地要进一步完善和落实好符合条件的农民工随迁子女接受义务教育后在输入地参加中考、高考的政策。开展关爱流动儿童活动。（教育部会同发展改革委、公安部、财政部、人力资源社会保障部、住房城乡建设部、共青团中央、全国妇联负责）

（十五）加强农民工医疗卫生和计划生育服务工作。继续实施国家免疫规划，保障农民工适龄随迁子女平等享受预防接种服务。加强农民工聚

居地的疾病监测、疫情处置和突发公共卫生事件应对，强化农民工健康教育、妇幼健康和精神卫生工作。加强农民工艾滋病、结核病、血吸虫病等重大疾病防治工作，落实"四免一关怀"等相关政策。完善社区卫生计生服务网络，将农民工纳入服务范围。鼓励有条件的地方将符合条件的农民工及其随迁家属纳入当地医疗救助范围。巩固完善流动人口计划生育服务管理全国"一盘棋"工作机制，加强考核评估，落实输入地和输出地责任。开展流动人口卫生计生动态监测和"关怀关爱"活动。（卫生计生委会同发展改革委、民政部、财政部负责）

（十六）逐步改善农民工居住条件。统筹规划城镇常住人口规模和建设用地面积，将解决农民工住房问题纳入住房发展规划。支持增加中小户型普通商品住房供给，规范房屋租赁市场，积极支持符合条件的农民工购买或租赁商品住房，并按规定享受购房契税和印花税等优惠政策。完善住房保障制度，将符合条件的农民工纳入住房保障实施范围。加强城中村、棚户区环境整治和综合管理服务，使居住其中的农民工住宿条件得到改善。农民工集中的开发区、产业园区可以按照集约用地的原则，集中建设宿舍型或单元型小户型公共租赁住房，面向用人单位或农民工出租。允许农民工数量较多的企业在符合规划和规定标准的用地规模范围内，利用企业办公及生活服务设施用地建设农民工集体宿舍，督促和指导建设施工企业改善农民工住宿条件。逐步将在城镇稳定就业的农民工纳入住房公积金制度实施范围。（住房城乡建设部会同发展改革委、财政部、国土资源部、税务总局负责）

（十七）有序推进农民工在城镇落户。进一步推进户籍制度改革，实施差别化落户政策，促进有条件有意愿、在城镇有稳定就业和住所（含租赁）的农民工及其随迁家属在城镇有序落户并依法平等享受城镇公共服务。各类城镇要根据国家户籍制度改革的部署，统筹考虑本地区综合承载能力和发展潜力，以就业年限、居住年限、城镇社会保险参保年限等为基准条件，制定具体落户标准，向社会公布。（公安部、发展改革委、人力资源社会保障部会同教育部、民政部、财政部、国土资源部、住房城乡建设部、农业部、卫生计生委、统计局、法制办、中央农办负责）

（十八）保障农民工土地承包经营权、宅基地使用权和集体经济收益分配权。做好农村土地承包经营权和宅基地使用权确权登记颁证工作,切实保护农民工土地权益。建立健全土地承包经营权流转市场,加强流转管理和服务。完善土地承包经营纠纷的调解仲裁体系和调处机制。深化农村集体产权制度改革,探索农村集体经济多种有效实现形式,保障农民工的集体经济组织成员权利。完善相关法律和政策,妥善处理好农民工及其随迁家属进城落户后的土地承包经营权、宅基地使用权、集体经济收益分配权问题。现阶段,不得以退出土地承包经营权、宅基地使用权、集体经济收益分配权作为农民进城落户的条件。(农业部、国土资源部分别会同法制办、中央农办、高法院负责)

五、着力促进农民工社会融合

(十九)保障农民工依法享有民主政治权利。重视从农民工中发展党员,加强农民工中的党组织建设,健全城乡一体、输入地党组织为主、输出地党组织配合的农民工党员教育管理服务工作制度。积极推荐优秀农民工作为各级党代会、人大、政协的代表、委员,在评选劳动模范、先进工作者和报考公务员等方面与城镇职工同等对待。创造新办法、开辟新渠道,支持农民工在职工代表大会和社区居民委员会、村民委员会等组织中依法行使民主选举、民主决策、民主管理、民主监督的权利。(农民工办会同民政部、人力资源社会保障部、国资委、全国总工会负责)

(二十)丰富农民工精神文化生活。把农民工纳入城市公共文化服务体系,继续推动图书馆、文化馆、博物馆等公共文化服务设施向农民工同等免费开放。推进"两看一上"(看报纸、看电视、有条件的能上网)活动,引导农民工积极参与全民阅读活动。在农民工集中居住地规划建设简易实用的文化体育设施。利用社区文化活动室、公园、城市广场等场地,经常性地开展群众文体活动,促进农民工与市民之间交往、交流。举办示范性农民工文化活动。鼓励企业开展面向农民工的公益性文化活动,鼓励文化单位、文艺工作者和其他社会力量为农民工提供免费或优惠的文化产品和服务。(文化部、农民工办会同发展改革委、民政部、财政部、中央宣传部、全国总工会、共青团中央、全国妇联负责)

(二十一)加强对农民工的人文关怀。关心农民工工作、生活和思想状况,加强思想政治工作和科普宣传教育,引导农民工树立社会主义核心价值观。开展"人文关怀进企业、进一线"活动。通过依托各类学校开设农民工夜校等方式,开展新市民培训,培养诚实劳动、爱岗敬业的作风和文明、健康的生活方式。对有需要的农民工开展心理疏导。努力推进农民工本人融入企业、子女融入学校、家庭融入社区、群体融入城镇。(农民工办会同教育部、卫生计生委、全国总工会、共青团中央、全国妇联负责)

(二十二)建立健全农村留守儿童、留守妇女和留守老人关爱服务体系。实施"共享蓝天"关爱农村留守儿童行动,完善工作机制、整合资源、增加投入,依托中小学、村民委员会普遍建立关爱服务阵地,做到有场所、有图书、有文体器材、有志愿者服务。继续实施学前教育行动计划,加快发展农村学前教育,着力解决留守儿童入园需求。全面改善贫困地区薄弱学校基本办学条件,加快农村寄宿制学校建设,优先满足留守儿童寄宿需求,落实农村义务教育阶段家庭经济困难寄宿生生活补助政策。实施农村义务教育学生营养改善计划,开展心理关怀等活动,促进学校、家庭、社区有效衔接。加强农村"妇女之家"建设,培育和扶持妇女互助合作组织,帮助留守妇女解决生产、生活困难。全面实施城乡居民基本养老保险制度,建立健全农村老年社会福利和社会救助制度,发展适合农村特点的养老服务体系,努力保障留守老人生活。加强社会治安管理,保障留守儿童、留守妇女和留守老人的安全,发挥农村社区综合服务设施关爱留守人员功能。(民政部、全国妇联会同发展改革委、教育部、公安部、财政部、人力资源社会保障部、共青团中央负责)

六、进一步加强对农民工工作的领导

(二十三)完善农民工工作协调机制。各级人民政府要把农民工工作列入经济社会发展总体规划和政府目标考核内容,建立健全考核评估机制,落实相关责任。国务院已成立农民工工作领导小组,办公室设在人力资源社会保障部。县级以上地方人民政府也要成立农民工工作领导小组,加强统筹协调和工作指导。(农民工办会同国务院农民工工作领导小组各成员单位负责)

(二十四)加大农民工公共服务等经费投入。深化公共财政制度改革,建立政府、企业、个人共同参与的农民工市民化成本分担机制和财政转移支付同农民工市民化挂钩机制。中央和地方财政部门要按照推进基本公共服务均等化的要求,统筹考虑农民工培训就业、社会保障、公共卫生、随迁子女教育、住房保障、公共文化等基本公共服务的资金需求,加大投入力度,为农民工平等享受基本公共服务提供经费保障。各级财政部门要将农民工工作经费纳入公共财政预算支出范围。(财政部、农民工办会同发展改革委、教育部、民政部、人力资源社会保障部、住房城乡建设部、文化部、卫生计生委负责)

(二十五)创新和加强工青妇组织对农民工的服务。积极创新工会组织形式和农民工入会方式,将农民工组织到工会中来。以输入地团组织为主、输出地团组织配合,逐步建立农民工团员服务和管理工作制度,积极从新生代农民工中发展团员。各级工会、共青团、妇联组织要切实履行维护农民工权益的职责,通过开展志愿者活动等方式关心关爱农民工及其子女,努力为农民工提供服务。(全国总工会、共青团中央、全国妇联分别负责)

(二十六)发挥社会组织服务农民工的积极作用。按照培育发展和管理监督并重的原则,对为农民工服务的社会组织正确引导、给予支持,充分发挥他们为农民工提供服务、反映诉求、协同社会管理、促进社会融合的积极作用。改进对服务农民工的社会组织的管理,完善扶持政策,通过开展业务培训、组织经验交流、政府购买服务等方式,引导和支持其依法开展服务活动。(民政部会同发展改革委、教育部、公安部、司法部、财政部、人力资源社会保障部、文化部、卫生计生委、工商总局、全国总工会负责)

(二十七)夯实做好农民工工作的基础性工作。加大投入,建立输入地与输出地相结合、综合统计与部门统计相结合、标准统一、信息共享的农民工统计调查监测体系,做好农民工市民化进程动态监测工作。深入开展农民工工作的理论和政策研究,为党和政府相关决策提供依据。(统计局、农民工办会同国务院农民工工作领导小组其他成员单位负责)

(二十八)进一步营造关心关爱农民工的社会氛围。坚持正确导向,组织引导新闻媒体运用多种方式,加强政策阐释解读,积极宣传农民工工作的好经验、好做法和农民工中的先进典型,对相关热点问题开展及时有效的舆论引导。对优秀农民工和农民工工作先进集体及个人按规定进行表彰奖励,努力使尊重农民工、公平对待农民工、让农民工共享经济社会发展成果成为全社会的自觉行动。(中央宣传部、农民工办会同国务院农民工工作领导小组其他成员单位负责)

  各地区、各有关部门要按照本意见要求,结合实际抓紧制定和完善配套政策措施,积极研究解决工作中遇到的新问题。国务院农民工工作领导小组每年要针对重点工作和突出问题进行督察,及时向国务院报告农民工工作情况。

国务院
2014 年 9 月 12 日

中共四川省委办公厅 四川省人民政府办公厅 关于印发《加强农民工服务保障十六条措施》的通知

川委办〔2018〕48号

各市（州）党委和人民政府，省直有关部门：

经省委、省政府领导同意，现将《加强农民工服务保障十六条措施》印发给你们，请结合实际认真贯彻落实。

各级党委、政府要进一步提高对做好农民工服务保障工作重要性的认识，将农民工服务保障工作纳入市县党委、政府年度目标考核内容，建立健全党委、政府主要负责同志统筹协调、劳务开发暨农民工工作领导小组牵头组织、有关部门各司其职共同参与的工作机制。各地、各有关部门要制定具体工作方案，加强督查考核，确保农民工服务保障各项工作落地见效。要强化经费保障，将开展农民工服务保障工作所需经费纳入同级财政预算。各级领导小组办公室要切实发挥牵头作用，加强统筹协调和工作指导。各地、各有关部门每半年要向省劳务开发暨农民工工作领导小组办公室报送工作落实情况，领导小组视情进行通报。

中共四川省委办公厅
四川省人民政府办公厅
2018年11月20日

加强农民工服务保障十六条措施

四川是农民工大省，常年有大量农民工外出务工就业，为城市繁荣、农村发展和社会主义现代化建设作出了突出贡献。为深入贯彻习近平新时代中国特色社会主义思想，认真践行以人民为中心的发展思想，全面实施乡村振兴战略，向广大农民工提供均等化公共服务和人性化关心关爱，增强农民工获得感、幸福感和安全感，现提出如下服务保障措施。

一、强化就业服务

完善城乡公共就业服务体系，为农民工提供均等化就业服务。将农民工纳入就业失业登记范围，实施农民工实名制信息动态管理，按季度动态跟踪、更新农民工外出信息。利用招聘会、四川公共招聘网、微信公众号和手机应用程序等为农民工提供全方位的用工信息服务。加强东西部劳务协作，发挥公共就业服务机构、劳务中介组织和劳务经纪人作用，提高劳务输出组织化程度。

二、加强技能培训

加大农民工职业技能培训力度，依托省级劳务培训基地、各类职业培训机构和用工企业及机构，开展定向、定岗、订单等技能培训；结合新经济新业态和区域人文特点，开展各具特色的劳务品牌培训；利用互联网、手机客户端等平台载体开展在线培训。组织农民工参加各类职业技能竞赛活动。为农民工及时提供职业技能鉴定服务，对鉴定合格的颁发职业资格证书或专项能力证书。

三、提供交通便利

强化农民工外出务工往返的交通便捷服务，春运前后组织开通农民工专列（专车）。大力实施春运"暖冬行动"，开设农民工购票服务窗口，在车站、码头、高速公路服务区和返乡交界处等地设置问候、交通安全等标语，设立便捷服务点，为农民工提供车辆检修、茶水供应、应急药品供给、道路救援等服务。

四、方便证照办理

协调省外公安机关，开展川籍农民工身份证、出国（境）证件异地办理等业务。各地在春节前后应开辟"绿色通道"，为农民工提供证件和各类证明办理便捷服务。进一步完善农民工落户政策，推动农民工进城落户。

五、改善居住条件

将符合条件的农民工纳入城镇住房保障范围。各地将每年竣工的公共租赁住房按一定比例供应给农民工。鼓励开发区、工业园区和劳动密集型企业建设集体宿舍类公共租赁住房,解决农民工基本住房问题。鼓励有条件的地方对符合当地城镇住房保障条件的农民工发放公共租赁住房货币补贴。扩大农民工住房公积金缴存覆盖面,推进住房公积金制度向非公有制单位及稳定就业的进城务工人员覆盖,提高农民工依法缴存和使用住房公积金的积极性。

六、确保子女就学

将农民工随迁子女义务教育纳入省内流入地城镇发展规划和财政保障范围,畅通随迁子女入学便捷通道,切实简化优化入学流程和证明材料,保障随迁子女在流入地平等接受义务教育。农民工户籍所在地县级政府和驻外办事处协调省外有关部门,帮助安排在省外务工的农民工随迁子女按时就近入学。

七、做好健康服务

加强农民工健康宣传教育,开展重大疾病防治工作,为农民工免费提供婚前、孕前检查,免费提供艾滋病、包虫病等重大传染病防治检查和治疗,免费为符合条件的女性农民工提供宫颈癌、乳腺癌检查。督促用工企业对从事接触职业病危害作业的农民工开展职业健康检查,确保不发生重大职业健康事件。

八、丰富文化生活

把农民工纳入城市公共文化服务体系范畴,享受市民化服务。鼓励在农民工集中居住地规划建设简易实用的文化体育设施和"农民工之家",免费为农民工提供文体服务。支持建设农民工博物馆。开展送文化下乡、进村、入企活动,举办农民工原创文艺作品大赛等文体活动,丰富农民工精神文化生活。

九、优化社保服务

整合社会保险经办服务资源,加快社保卡发行应用,为农民工办理社会保险提供便捷服务。完善社会保险关系转移接续办法,确保省内外转移接续方便顺畅。扩大异地就医联网医疗机构覆盖范围,简化农民工异地就医备案手续,方便农民工异地就医结算。督促用工单位依法参加社会保险,保障农民工合法权益。

十、保障工资支付

积极构建和谐劳动关系,提高农民工劳动合同签订率,确保农民工工资按时足额发放。加强工程建设领域欠薪源头治理,落实行业监管责任,全面实行建筑工人实名制管理,严格执行施工总承包企业直发农民工工资、工资专用账户、工资保证金、欠薪应急周转金等制度。加大政府投资工程项目监督考核和督查问责力度,打击欠薪等违法犯罪行为。

十一、注重维权救助

建立完善省际维权联动机制,充分发挥各职能部门、省政府各驻外办事处、农民工工作站和商会组织的作用,协调解决农民工伤残伤亡案件和重大劳动纠纷案件。建立完善劳动争议快速处理机制,畅通农民工劳动争议仲裁"绿色通道",采取先行裁决、先予执行等措施,快速妥善处理涉及农民工的劳动争议。加大法律援助力度,将农民工维权服务纳入各级政府购买法律服务范围。

十二、加大创业扶持

完善进一步支持农民工返乡创业政策措施,按规定开展返乡创业示范市、县和园区建设,加大财政支持、金融信贷、创业孵化、创业培训等政策扶持力度,为有意愿返乡创业的农民工牵线搭桥,帮助农民工回乡发展。

十三、关爱留守人员

健全农村留守儿童、留守妇女、留守老人关爱服务体系。实施关爱农村留守儿童行动，开展心理健康辅导，利用寒暑假组织开展留守儿童与亲人团聚等活动。加强农村"妇女之家"建设，培育和扶持妇女互助合作组织，组织开展居家灵活就业培训，帮助留守妇女解决生产生活困难。健全农村老年社会福利和社会救助制度，建立老人日间照料中心和养老服务等机构，照料关爱留守老人。

十四、落实关怀慰问

组织人员赴省内外农民工集中地深入企业车间、建筑工地，开展演出慰问、走访慰问和心理抚慰等活动。春节期间，乡镇、村（社区）对本地返乡农民工及农民工家庭的走访慰问要实现全覆盖，传达党委、政府的关心关怀。

十五、倡导志愿服务

鼓励党员干部、大学生、企业家等各界人士和慈善组织积极参与农民工志愿服务活动，为农民工交通出行、权益维护、司法救助和留守照看等提供爱心帮助。

十六、开展表扬激励

坚持正确舆论导向，组织新闻媒体运用多种方式，宣传服务保障农民工的政策措施，宣传在外务工和返乡创业的农民工先进典型，宣传服务农民工的好人好事。保障农民工民主政治权利，重视从农民工中发展党员，培养村级后备干部，吸纳农民工中的能人担任村集体经济组织带头人。按规定开展全省优秀农民工和农民工工作先进集体及个人表扬奖励活动，营造关心关爱农民工的社会氛围。

后 记

从"新农村建设"到"乡村振兴"战略,从"四化"同步发展到农业农村优先发展,国家给予了"三农"高度重视,为我国农村、农业、农民创造了前所未有的发展机遇。笔者生于农村、成长于农村,对农村、农业、农民有着一种特殊的情感。从教以来,笔者一直从事有关农民工市民化、农民工城市融入、农民工返乡创业等方面的科学研究,也希望通过自己的工作,能够为我国"三农"发展尽一份绵薄之力。近几年主持了"新型城镇化进程中住房保障与农民工城市融入协同机制研究""逆城市化背景下住房消费与农民工城市融入关系的区域差异研究""逆城市背景下长沙住房保障影响农民工城市融入的机制与路径研究"等一系列有关农民工城市住房与城市融入方面的科研项目,本书是这些科研项目研究的成果。

随着研究的深入,笔者越来越感到所研究主题甚为宽广,既涉及农民工个体与家庭、用工单位等微观主体的经济与社会行为,又关系到宏观层面国家和地方的经济、社会和制度。学科属性涉及经济学、管理学、社会学等多个科学领域,受制于自身知识背景和能力,笔者尽管全力以赴,仍感所获有限,本书所完成的,只能算是阶段性成果。在整理书稿时,曾一度不自信,有放弃的念头。一方面,由于缺少系统的过程与深层的归纳,观点的表达逻辑性不强、内容的层次感不突出;另一方面,本书侧重于基于数据的实证分析,书稿中虽有一些"理论"的内容,但大多是前人研究过的内容,理论创新不足,特色不鲜明。后来在与前辈的交流中认识到,科学研究是一个发展的过程,这个过程既有对已有研究成果的借鉴、吸收,也有对自己实践、思想的独立表达,两者结合的过程便是科学研究的过程。在此信念支撑下,加上对"三农"的情感,最后坚持完成了本书稿的撰写,希望能够为我国"三农"发展尽一份绵薄之力,为后期研究抛砖引玉，也希望得到专家的批评指正，借此继续完善和提高。

　　本书在写作过程中得到很多人给予的帮助、指导与支持，在此对他们表示衷心的感谢。衷心感谢课题组成员的大力支持，感谢中南林业科技大学黄江泉教授、尹华北副教授在项目研究过程中给予的支持与指导；感谢长沙学院2017级物业管理专业学生侯芳欣、黄冬琴、张鑫睿、楼振锋、曹颖、李坤强、樊增甜、付丹、徐美竹、夏根凤等在问卷调查、数据统计方面给予的帮助；感谢经济管理出版社给予的宝贵支持。此外，农民工城市住房与城市融入问题的研究和本书的出版得到了湖南省新型城镇化与住房保障研究基地、湖南省社科基金项目、湖南省教育厅科研项目、长沙市科技计划项目、长沙市社科规划项目的资助，在此一并表示感谢。